公務員試験

論文・面接で問われる

行政課題・政策論のポイント

2025年度版

JN090826

「実践力」で
差をつける!!

高瀬淳一［編著］　実務教育出版

巻頭特集

今年の
注目テーマは
コレだ！

今年の公務員試験の論述や討論で
出題されそうな政策分野を 10 取り上げ,
注意すべき視点・論点について解説する。
これら「10 トピックス」をきちんと押さえたら,
『公務員試験　速攻の時事』で
ほかの話題もフォローしておこう！

地球温暖化対策

➡再生可能エネルギーへの転換について考える

例題 日本の脱炭素社会づくりについて述べよ。

観点1 論題が「日本の脱炭素社会づくり」である点にまず気をつけたい。2023年には国連事務総長の「地球温暖化の時代は終わり地球沸騰化の時代が来た」という発言が話題になったが，地球温暖化の話になると，気候危機がいかに深刻かを憂い，子どもたちのためにも地球の温暖化を止めなければならないと必死に訴えたがる人がいる。また，定石のように「パリ協定」の意義から書き始める人がいるが，国際社会の取組みを長々と書くと前置きがどうしても冗長になる。求められているのは日本が取り組むべき具体策である。早々に「日本の脱炭素社会づくり」の議論に入るように気を付けながら書き始めたい。

　日本の政策を語る以上，基礎知識として前置きに使うのであれば，日本の温室効果ガスの排出削減目標がよいだろう。2021年，日本は2013年度比で「**2030年度までに46%削減**」するとの国際公約を発表した（日本の中期目標）。また，温室効果ガスの排出を実質ゼロとする「**カーボンニュートラル**」を**2050年までに目指す**ことも2020年に宣言している（日本の長期目標）。

　政策としては，国をあげて脱炭素社会づくりに取り組むことを掲げた**改正地球温暖化対策推進法**が2021年に成立し，これに合わせて**地球温暖化対策計画**も改定された。「2050年までの脱炭素社会の実現」は基本理念として法律に明記され，新たな長期・中期目標の実現に向け，産業，家庭，運輸といった部門別に削減目標値が定められたのである。

　なので，家庭での省エネに議論の焦点を置いてしまうと，話が子どもっぽくなる。エアコンはこまめに切りましょう，といった結論になってしまうからだ。脱炭素社会の議論は，当然，エネルギー政策と一体だ。二酸化炭素の排出削減につながるエネルギー源の議論をしなければならない。

観点2 エネルギー源については，化石燃料を用いる火力発電の比率を下げるべきことは明らかだ。そのために，太陽光発電や風力発電といった「**再生可能エネルギーを増やそう**」という提案はもはや世間常識レベルだろう。

　とはいえ，「火力発電も原子力発電も止めて，すべて再生可能エネルギーにすべし」といった理想主義的な提案は，現状認識が不十分と見なされかねない。再生可能エネルギーによってまかなえるエネルギーは現状で2割ほどである。ゆえに，政府は再生可能エネルギーに力を入れる一方で，原発の再稼働に

より原子力発電の割合を現状よりも高める方針を示している。火力発電を早期に縮小するなら，原子力発電の再稼働についても一言触れておく必要がある。

議論1（電源構成）　日本の脱炭素社会づくりに向けてまず考えるべきは，温室効果ガスの排出抑制に向けた火力発電の縮小である。電力が不足したのでは，家庭生活はもちろん，企業の生産性にも悪影響が出る。再生可能エネルギーの普及促進は言うまでもないことだが，電力不足に陥らないよう，ストレステスト（耐性評価）を行って安全性を確認したうえで，原子力発電所の稼働は，少なくとも一定期間，維持するべきだろう。

議論2（技術革新）　再生可能エネルギーの普及は当然のことだ。だが，政府が主力電源に位置づけた「洋上風力発電」については，まだ市民・住民レベルで十分な議論がなされたとは言えない。普及に向けては，景観や安全性だけでなく，海洋生態系や漁業への影響についても慎重な検討が必要だろう。

再生可能エネルギーでは，太陽光と風力への関心が高いが，地域の環境の特質を踏まえ，地熱発電やバイオマス発電を導入することも検討すべきだ。

政府は「グリーン成長戦略」において，**脱炭素技術の開発と実装を通じて経済成長を図る**ことも掲げている。「日本の脱炭素社会づくり」が日本経済にとってプラスの効果を持つよう，カーボンニュートラルにつながる革新的な技術を開発している企業に対しては，支援策を強化する必要がある。

家庭については，屋根置きの自家消費型太陽光発電やEV（電気自動車）等の普及をさらに積極的に後押しすべきだろう。EV時代を見据えた充電インフラの整備も喫緊の課題だ。

技術革新では，**二酸化炭素を回収するカーボンリサイクル技術にも注目して**おきたい。二酸化炭素を酸素と有機化合物に変える人工光合成の研究が行われているという。こうした基礎研究への支援も不可欠だ。

結論の方向性　上記の2つの議論はどちらかというとクールな政策論である。もっと生活に根ざして熱く「脱炭素社会づくり」を語りたいのであれば，自分ですぐに取り組める省エネ生活やシェアリング文化の普及などに触れながら，まとめてもよいだろう。

今年の注目テーマはコレだ！

☆ 地球温暖化対策の議論における注意点 ☆

・温暖化対策の重要性やパリ協定の説明を長々と書かないこと
・再生可能エネルギーにすぐ代替できるとの現状認識は避けること
・私生活での努力に偏らず，技術革新への期待も忘れないこと

少子化対策

➡日本の人口減少について考える

例題 少子化対策について述べよ。

観点 1 少子化対策というと，パパ，ママ，ベビーがいる子育てファミリーをイメージする。そして，その支援策をまず考えようとするかもしれない。

だが，この問題を論じるときには，まず**「国家の未来にかかわる重大な社会問題である」という認識を示しておく**ようにしたい。個々の家庭の子育てをどう支援するのかの前に，このまま少子化が進むと社会の担い手が不足してしまうことへの懸念をきちんと書いておくべきだ。少子化対策は持続可能な社会保障制度を確保し，経済成長を実現するために欠かせない政策なのだ。

しかも，日本では今も**少子化の進行が加速**している。2022年の出生数は約77万人と，80万人を下回って過去最低を更新したし，同年の合計特殊出生率も1.26と過去最低だった。2030年代に入ると若年人口の急減が見込まれており，政府も「こども未来戦略」（2023年）において2030年までが少子化トレンドを反転できるかどうかのラストチャンスだと表明している。

政府は2023年，内閣府にこども政策全般を担当する「こども家庭庁」を創設し，官庁の垣根を越えて少子化対策などを強化するとした。岸田首相も「異次元の少子化対策」を進めるとしている。**少子化対策は政府が取り組むべき喫緊の重要施策であるとの認識を持つ**ようにしたい。

観点 2 少子化対策は「充実させるに越したことはない話」である。思いついた施策は，とりあえずすべて列挙するとしても，やはり**論述では「特にこの施策を重視すべきだ」**というものをはっきりさせておきたい。

だれもが思い浮かぶ定番の少子化対策は，保育施設の充実かもしれない。ただし，これについては政府が2021〜2024年度に「新子育て安心プラン」を実施し，保育の受け皿整備を進めており，待機児童数も減少してきた。**少子化対策の重点施策として保育施設の整備だけを挙げるのは得策ではない**。

保育施設を話題にするのであれば，数ではなく，質での充実策に言及するとよい。「こども未来戦略」で示された「こども・子育て支援加速化プラン」ですべての子育て家庭を対象とする保育の拡充策として「こども誰でも通園制度」が導入されることになり，また保育士の待遇改善なども図られることとなったが，こうしたことに触れてもよいだろう。

議論 1　（経済的支援）　国立社会保障・人口問題研究所の「出生動向基本調査」によると，理想の子ども数を持たない理由では，「子育てや教育にお金がかかりすぎるから」という経済的な理由を挙げる夫婦が多い。少子化対策としては**子育てや教育への経済的支援**を行うことが有効といえそうだ。

　「こども・子育て支援加速化プラン」でも，経済的支援は主力施策となっている。支援については，妊娠・出産期から高等教育に至るまで一貫して行われる必要があることに言及したうえで，さまざまな施策を指摘できるはずだ。具体的には，出産・子育て応援交付金の制度化，児童手当の拡充，授業料後払い制度の導入など高等教育費の負担軽減，子育て世帯への住宅支援などに触れるとよいだろう。

議論 2　（共働き・共育て）　現状では，家事や育児の負担は女性側に偏りがち。これを改め，男女が共に働き，共に子育てする環境を整備する**「共働き・共育て」の推進**も少子化対策として必要だ。子育てと両立できるような働き方を実現するための**育児休業制度の充実**はもちろん，**職場や社会の意識改革**についても触れておきたい。

　子育てをしながら働く女性への支援も当然重要だが，同時に男性の働き方についても是正を求めていく必要がある。共働きが当然となっている現代社会で，家事や子育てに参加しない男性や，残業などで子育てにかかわる時間を持てない男性がいることを問題視しよう。

　対策としては，男性の育児休業取得の促進，長時間労働への規制，育児期における柔軟な働き方の推進などを図るべきだろう。男性の育児休業取得率については，政府も目標値を大幅に引き上げた（特に公務員については率先垂範すべきとして，民間企業労働者より大幅に引き上げた）。とはいえ，日本ではまだ育児休業制度を取得しにくい雰囲気が職場や社会に残っている。少子化を食い止めるためには，「共働き，共育て」を職場が後押しし，地域全体としても支援していくような社会の実現を目指すべきだろう。

結論の方向性　子育て世帯への経済的支援に加え，意識改革面まで取り上げるのがポイントだ。その際，必要な施策の羅列に終わらず，自分なりの重点施策を明示するようにしたい。

☆ 少子化対策の議論における注意点 ☆

・国家的課題との認識を持ち，個別家庭の事例など出さないこと
・経済的支援も重視すること
・職場や社会の意識改革にも言及すること

地方活性化

➡地方の活性化について考える

例題 人口減少社会における地方の活性化について述べよ。

観点1 2014年秋以降，政府は「地方創生」をキーワードに地方の活性化に力を入れてきた。内閣には地方創生担当大臣が置かれ，「まち・ひと・しごと創生本部」も設置された。「まち・ひと・しごと創生法」に基づく「総合戦略」（5年間の施策）は，第2期のものが2019年12月に閣議決定された。その後，岸田内閣は，根拠法はそのままに，「地域創生」の施策を**「デジタル田園都市国家構想」**として取りまとめることとし，2022年12月に「デジタル田園都市国家構想総合戦略」を策定した（2023年度からの5年間に実施）。

　地方の活性化について議論する場合の注意点だが，イベントの提唱はどうしても短期的あるいは一過性のものと見られがちである。コロナ禍での地方移住も同様だ。コロナを契機としても，あくまで長期的な視野に立って考えていることをアピールしたほうが，高い評価を得られるだろう。

観点2 東京一極集中の問題点を指摘するのはよいが，そればかりでは「地方の活性化」を語ったことにはならないし，うっかりすると分権化の制度論に終始して，論題が「人口減少社会」を前提としていることを忘れてしまう。一極集中批判は，かりに前置き的に触れるとしても，長くならないように注意し，むしろ**地方の活性化は都市部にとってもプラスとなる**ことを指摘しておきたい。実際，東京一極集中が継続することは，首都直下地震などの災害対策上のリスクを高めることにもつながる。

　政府は「第2期まち・ひと・しごと創生総合戦略」以降，**「関係人口」**という概念を使うようになった。東京から地方への人口移動が思うように進まないなか，本格的な移住とも一時的な交流とも違う形で特定の地域に継続的にかかわる人々のことだ。さらに，2022年の「デジタル田園都市国家構想総合戦略」では「オンライン関係人口」の拡大が盛り込まれた。

議論1 （雇用創出）　地方における雇用の創出については，ものづくり分野でも，農業分野でも，あるいは観光分野でも，**具体的に産業活性化策を提言したほうがよい**。その際，地域に固有の資源を活用する点を強調するだけでなく，ITなどを利用することによって，地域にかかわらず活性化できる産業分野が増えてきていることにも言及しておくと，視野の広さをアピールできる。

　活用可能な地域資源のうち農林漁業について，政府は成長産業化による新規

就業者の増加を図っている。議論では，生産（一次産業）に加えて食品加工（二次産業）や流通・販売（三次産業）も手掛ける「六次産業化」や，一次産品の海外での販売，さらには法人経営による新規就労者の獲得などに触れるとよい。

「地方創生の起爆剤」と見なされやすい観光については，地元を見据えた具体的提言が欲しい。地域の文化財や自然環境の新たな活用案を提示するのはもちろん，交通インフラの整備などにも目を配っておこう。コロナ禍後をにらんで，海外からのインバウンド需要を掘り起こす観点も忘れないようにしたい。

議論2（子育て環境の改善）「日本創成会議・人口減少問題検討分科会」の試算では，全市区町村の約半分に当たる896市区町村が2040年までに「消滅する可能性」があるという。子どもを産む20〜30代の女性が5割以上減少するためだ。したがって，地方の活性化の議論では，**必ず若い夫婦の定住促進策を盛り込まなければならない。**

子育て支援のさらなる充実は不可欠な要素だ。一定年齢まで医療や教育にかかる費用を支援するなどの提言だけでなく，海外の姉妹都市との交流事業などを通じて地域にあってもグローバルな教育体験が得られることなど，地域の閉鎖性を克服できるような提言もしておくとよい。

若年層の東京圏への人口移動については，大学進学が大きな契機であることがわかっている。したがって，地方大学への進学者を増やすための工夫は国家戦略として重要だ。大学生目線で斬新なアイデアが思い浮かぶなら，紹介しない手はない。

結論の方向性 雇用創出と子育て環境の観点から地域の活性化を論じていくのが常道だが，それらを踏まえて最終的に地方をどうしたいのか，「デジタル田園都市国家」に負けないフレッシュなビジョンをしっかり書き込んでおきたい。公務員になる以上，「まちづくり」については，安心・安全や快適生活にかかわる公共サービス（治安・交通など）の充実にも触れておこう。

ここでは若年層の定住策を重視したが，政府はそのほか都市部の高齢者に地方への移住などを促す「生涯活躍のまち（日本版CCRC）」などの政策も打ち出している。新しい用語を使って，知識をアピールしてもよいだろう。

☆ 地方創生の議論における注意点 ☆

・政府が重視する「関係人口」というタームを使うこと
・雇用創出につながる産業活性化策を具体的に提言すること
・子育て支援策を含め，若い世代の定住促進策を盛り込むこと

防災

➡災害に強い日本について考える

例題 災害に強い国づくり・まちづくりについて述べよ。

観点1 「日本は世界でも有数の自然災害発生国である。災害と隣り合わせで生活していることを意識し，日頃から万一の場合に備え，国民・住民の安全・安心を最優先に，十分な対策を講じておく必要がある。」

　以上が最初か最後に書くべき常套句である。挨拶と同じで，言わないと常識がないと思われるフレーズである。**論述には，このテーマならこれは書いておくべきだという「当然の指摘」がある。**防災なら，「日頃の備え」「万全の備え」「住民の安心・安全」といったものだ。ほかに，「備えあれば憂いなし」ということわざもあるが，そこまでクサく書くかどうかは個人の好みによるだろう。

観点2 自然災害の危険は多数ある。2024年1月に能登半島地震が起きたばかりであるし，2011年の東日本大震災が心を痛める出来事であったために，災害というとすぐに地震と津波を想起してしまうが，ほかにも火山の噴火，台風災害，大規模水害などがあることを忘れてはならない。

　しかも，自治体ごとに対策を強化すべき自然災害の種類は異なる。自治体でこうしたテーマが出題された場合は，対策を講じるべき自然災害の種類を指摘した後に，**「特にこの自治体では～」**などと，**地元を明確に意識した一言を加えておくほうがよいだろう。**

　なお，論題は「これからの防災対策」を求めている。東日本大震災を意識することは大切だが，話が「被災地域の復旧策」に変わってしまわないよう，十分注意しなければならない。

議論1　**（ハード重視かソフト重視か）**　災害被害の軽減対策には，防災用の構造物をつくる「ハード対策」と，ハザードマップ（災害による被害予測を地図にしたもの）の配布や災害訓練・災害教育などの「ソフト対策」の2つがある。前者は公共工事を伴うために財政支出を必要とするが，確かな効果が期待できる。後者は経済的負担が少なくて済むが，災害時に役立ててもらえるかの確証がない。

　どちらか一方を重視した議論も可能だろうが，常識的には「ハード対策」と「ソフト対策」の同時推進を主張するべきだろう。港湾整備などの「ハード対策」をあまりにも強調したのでは，コスト意識がなさすぎると見なされてしまう。それに，ハード対策だけで安心していては，想定外のケースに対応できな

い。ゆえに，ハードの整備とともに，ハザードマップや災害訓練・災害教育の充実を主張するのが常識的な議論のスジとなる。

議論２（居住規制の是非）　危険地域での居住を規制すべきかについても，議論があってよい。東日本大震災からの復興をどうするかの議論でも，市街地や集落の高台移転の必要性を指摘する意見が出て，一部では実施された。万一の際の「減災」を考えれば，夜間だけでもできるだけ被災しにくい場所にいるような新たなまちづくりを自治体は考えるべきかもしれない。

　とはいえ，たとえば南海トラフ地震で津波被害が出そうな沿岸部に住む人は相当数に及ぶ。集落まるごと移転することとし，自治体が土地を買い上げ，別の場所に住居を用意し…，などという計画は，コストもかかるし住民の反発も受けやすい。しかも，本気でやるなら１つ２つの集落の移転では済まないはずだ。制度的には国からの支援を受けられるが，居住規制は気軽に口にできる案ではない。

結論の方向性　ハード面で無難な提案の１つは，いざという時の「逃げ場」の整備だろう。たとえば，災害の際に避難所となりうる学校等の公共施設の耐震性の強化などだ。また，非常の際に生活インフラが早期に復旧できるように，関係する企業や自治体とあらかじめ対応策や物資支援体制を検討し設備を整えておく，といった主張も適切だろう。

　また，「国土強靱化基本法」の成立によって，政府が積極的に事前防災に向けた公共工事を進められるようになったことにも触れておくべきだ。老朽化した橋やトンネルの補修なども提案してよくとよい。

　ソフト面では，特にハザードマップの充実と周知徹底を主張すべきだ。その際，危険地域がはっきりすれば，自主的に転居を決意する住民も出てくるかもしれない。「自治体としては，そうした場合の経済的支援についても検討しておく必要がある」などと付言しておくとよい。

　いずれにしても議論は最後まで冷静な対策に終始すべきだ。「万一の時はみんなが心をひとつにして〜」のような情緒的な話は，政策論では不要である。

☆ **防災の議論における注意点** ☆

・あたりまえの指摘もきちんと書いておくこと
・対策にかかるコストも意識しながら議論すること
・住民協力の必要性を指摘しただけで，政策を論じたと思わないこと

働き方改革

➡日本の労働制度・慣行について考える

例題 働き方改革について述べよ。

観点1 2019年,「働き方改革関連法」が施行された（以下，関連法）。多様で柔軟な働き方が可能となるように社会制度を転換していこうという話だが，そう簡単なことではない。働き方は文化である。したがって，**改革の矛先は日本の企業文化や日本人の暮らし方にまで及ぶ**。政府はこの改革を「最大のチャレンジ」と位置づけているが，政策でどこまでできるのかについての難しさを踏まえての発言だろう。

観点2 「働き方改革」が求められている理由は，「かわいそうな事例」があるためだけではない。非正規雇用労働者の悲哀や過労死の悲劇に言及する必要がないとは言わないが，議論が情緒に流されかねない。マクロ的な見方も忘れないようにしよう。

　改革の背景として，**少子高齢化による生産年齢人口の減少**には触れておきたい。人口減少下で労働力を確保していくためには，女性や高齢者の就労促進は欠かせない。外国人労働者，特に高度外国人材の受け入れも進めていく必要があるだろう。多様な労働者がそれぞれの事情に応じて柔軟に働けるような労働環境を整えることで**労働参加の拡大**が期待できる。

　働き方改革は**労働生産性の向上にも資する**と考えられる。非正規雇用の処遇改善は働く意欲を高め，長時間労働の是正は仕事を効率化する。労働者が能力開発を行うインセンティブも高まるだろう。さらに，生産性向上の成果が労働者に分配されて労働所得が増えたり，また長時間労働の是正で自由な時間が増えたりすれば，**消費の拡大につながる**ことも期待できる。

議論1 （非正規雇用の処遇改善）　日本の雇用者の約4割は，パートや派遣といった非正規雇用の形態で働いている。さまざまな働き方を認めるうえでは，何よりもまず**非正規雇用で働く人たちが正当に評価される**ことが大切だ。

　日本の非正規雇用労働者の賃金は，欧州諸国に比べ低水準となっている。こうした現状を踏まえ，政府は「正規・非正規にかかわらず均等・均衡待遇を確保し，同一労働同一賃金を実現すること」を目指している。**「同一労働同一賃金」がキーワード**となっているが，賃金にとどまらず，福利厚生や教育訓練なども含めた広い意味で，非正規雇用の待遇を改善していくべきだろう。（関連法は，それぞれの待遇ごとに，不合理な待遇差を設けることを禁止）

また，非正規で働いていることが不本意な労働者も存在している。こうした労働者を少しでも減らすためには，正規雇用への転換を後押しする支援策が必要だ。勤務地・職種・労働時間などが限定された「限定正社員」の普及を図ることも一法だろう。

議論2（**長時間労働の是正**）　長時間労働は個々の労働者に負担をもたらす。問題はそれだけではない。長時間労働は，仕事と家庭生活の両立を困難にし，女性のキャリア形成や男性の家庭参加を阻む原因や少子化の原因となっている。そもそも長時間労働は，労働の質の低下や生産性の低下の原因となりうることから，経済的に見ても効率的とは言いがたい。

従来の労働基準法は，労使で合意すれば上限なく時間外労働が認められる協定（「サブロク協定」）を容認してきた。だが，**関連法（改正労働基準法）によって時間外労働について上限が設けられた**。しかも，違反した場合には罰則が課せられることになり，実効性も確保されるはずだ。

また，年次有給休暇も取りやすくなることが期待できる（関連法は年5日の年次有給休暇の取得を義務化）。一方，退社から次の出社までに一定の休息時間を保障する「勤務間インターバル制度」の普及も促されるべきだ（関連法は制度導入を企業の努力義務と規定）。

長時間労働をなくすには，**「仕事後の時間を楽しむ文化」を普及させる**ことも一案。政府は月末の金曜日に早めに仕事を終える「プレミアムフライデー」などの普及を図っている。国や自治体が率先垂範するとのことだが，こうした工夫は公務員と民間労働者の間で格差が出ないように配慮しつつ，大いに進められるべきだろう。

結論の方向性　目指すのは，「会社人間」をよしとする風潮を是正し，私生活の充実も可能にする「ワーク・ライフ・バランス」を実現する労働慣行を普及・定着させることだ。働き方改革は，労働参加の拡大や生産性の向上などをもたらすものであり，日本経済の成長には不可欠であるとして，さまざまな制度の導入を前向きに評価しながら議論をまとめたい。このほか，論点として，コロナ禍で社会的抵抗が少なくなったテレワークなどの柔軟な働き方の促進を取り上げてもよい。

☆ 働き方改革の議論における注意点 ☆

・働き方改革による経済面への効果を考えること
・非正規雇用の待遇改善に言及すること
・長時間労働の是正では法的規制と文化改革の両方を意識すること

経済安全保障

➡経済のグローバル化がもたらす問題について考える

例題 **経済安全保障について述べよ。**

観点 経済がグローバル化するなか，世界の政治経済情勢が日本国民の生活に及ぼす影響が大きくなっている。国家や国民の安全を経済面から確保することは，今や重要な政策課題だ。日本では2022年5月，**経済安全保障推進法**が成立し，関連施策の整備が始まった。

議論1 （安定供給） コロナ禍やロシアのウクライナ侵略は，グローバル化したサプライチェーン（供給網）のもろさを露呈させた。これを受けて，経済安全保障推進法は，半導体や医薬品などの安定供給を念頭に，**「特定重要物資」に対する財政支援やサプライチェーンの強靭化支援**を盛り込んだ。

　加えて，同法は電気，通信，金融といった基幹インフラの重要設備やシステムについては，**事前の安全審査制度**を創設した。サイバー攻撃などでインフラがダメージを受けることを防止するためだ。

議論2 （技術開発） 先端技術をめぐる各国の覇権争いが激化するなか，宇宙・海洋・量子・AI等の**重要先端技術を政府が開発支援することは当然だ。**岸田内閣では，これらの重要技術について「官民協議会」を設置し，官民一体となって研究開発を進めるとしているが，適切だろう。

　また，安全保障にとって重要な発明については，**公開や流出を防止する必要**がある。経済安全保障推進法は特許出願の非公開制度を導入するとしている。早期に特許庁や防衛省などの官庁協力体制の整備を進めるべきだろう。

結論の方向性 経済安全保障にかかわる施策は，いずれも民間の企業活動への政府の介入である。とはいえ，一国の経済が大打撃を受け，国民生活が危機にさらされる以上，万一に備えた施策の充実は政府の責任だ。民間企業の理解を得て，官民一体で着実に経済安全保障を図るべきだろう。

☆ 経済安全保障の議論における注意点 ☆

・グローバル化したサプライチェーンのもろさに触れること
・国産技術の開発と機密保持にも言及すること
・「官民一体」で着実に進めるべき施策であると意識すること

デジタル・ガバメント

➡ IT時代の行政の利便性について考える

例題 デジタル・ガバメントの意義と課題について述べよ。

観点 2019年には**デジタル手続法**が成立。**デジタル・ガバメント**実行計画も策定された。2021年にはデジタル庁が発足した。岸田政権は地方創生について**デジタル田園都市国家構想**を打ち出し，行政サービスのデジタル化を進めるとしている。政府は科学技術政策の軸にも**超スマート社会の実現**を掲げている。政府機能のデジタル化は急速に進むことになるだろう。

議論1 （必要性と方向性） 行政手続については技術革新に見合った効率化が求められている。デジタル手続法は，デジタル処理やオンラインで行政手続が完結する「デジタルファースト」に加え，一度だけの提出で完了する「ワンスオンリー」と，民間サービスを含めてすべてを1か所で完了する「コネクテッド・ワンストップ」を原則に掲げている。**事務処理をたんにデジタル化するだけでなく，「一度に，一か所で」手続が済むという方向での改善**が重要だ。

議論2 （課題） デジタル化は，つねに「情報格差」を意識しながら進めなければならないだろう。デジタル処理が不得手な人たちの存在に加え，**国と地方の情報インフラの違い**も考えるべき課題である。自治体のデジタル・ガバメント化については，システムの共同利用やクラウド化などが提案されている。業務の標準化も含め，自治体間の調整が喫緊の課題になるだろう。

　また，手続きにマイナンバーカードを利用するとしたら，その普及も課題だ。利用促進策とともに，セキュリティ対策も忘れないようにしたい。

結論の方向性 デジタル・ガバメントの推進はすでに決まった話である。論述では推進の必要性と方向性をしっかり確認し，それから留意すべき点を指摘するようにしたい。デジタル時代だから当然だといった前説だけで，あとはひたすら課題の指摘，といった論述にならないように気をつけよう。

☆ デジタル・ガバメントの議論における注意点 ☆

・デジタル・ガバメントの意義をしっかり記述すること
・国だけでなく地方自治体の事情にも目を向けること
・情報弱者への配慮だけが課題と思わないこと

食品ロス削減

➡持続可能な消費社会について考える

例題 食品ロスの削減を促す施策について述べよ。

観点 資源循環や持続可能な社会づくりの観点から，食べられるのに捨てられる「食品ロス」が問題となっている。日本でも2019年「**食品ロス削減推進法**が制定され，2020年には同法に基づく初の**食品ロス削減推進基本方針**が策定されるなど，対策が進められている。

議論1 （消費者主導の社会変革） 食品ロスは消費者の意識変革によって大きく削減できる。家庭においては，食べられる部位を捨てずに済むような調理を心がけ，食べ残しを減らし，余った料理は保存して利用する，といった日頃の心がけを徹底すればよい。

　問題は外食だ。注文のしすぎなどで食べ残しが出た場合，他の客に出せない以上，食品ロスになる。余った料理を持ち帰ることを普通に行っている国もある。日本は気候・風土などの観点から**食品衛生上の注意が必要なことは確かだが，それでも「できる範囲で持ち帰る」風潮がもっと広がってもよい。**規制緩和のほか，持ち帰り容器の普及などについての政策支援が急務だろう。

議論2 （消費者と事業者の協働） 食品ロスについては，生産段階や小売段階での対策も必要だ。課題となる「農水産物の規格外品の廃棄」や「期限切れ商品の削減」をなくすには，消費者と事業者の協働が不可欠だ。たとえば，**特別の販売所や販売コーナーを臨時に設けて，消費者に特別価格で提供する**ことも有効だろう。未利用食品については，貧困家庭などに食材を無料で配る「フードバンク」に寄付するよう，事業者に呼びかけてもよいだろう。

結論の方向性 食品ロスをなくすための「施策」が課題なのだから，「消費者は意識と行動を変えなければならない」といった**説教めいた結論では不十分である。**たんなる啓発活動だけでなく，持ち帰り容器の普及や販売場所の設置といった具体策が望まれていることを忘れないようにしたい。

☆ 食品ロス削減の議論における注意点 ☆

・新たな風潮を生み出すための具体的支援策を考えること
・消費者と事業者の協働も意識すること
・説教めいた結論で終わらないようにすること

介護離職ゼロ

➡仕事と介護の両立について考える

例題 介護離職ゼロに向けた施策について述べよ。

観点 「介護離職ゼロ」とは,家族の介護・看護のために仕事を辞めざるを得ない労働者をなくすという政府の目標。介護離職者が年間約10万人いる現状を打開し,2020年代初頭までに介護離職者をなくすことを目指している。

　今後ますます高齢化が進み,要介護者は増える見込み。仕事と介護の両立は喫緊の政策課題となっている。

議論1（介護サービス）　必要な介護サービスを受けられないために離職を余儀なくされているとすれば,まず考えるべき施策は**介護サービスの確保**を図ることだろう。特別養護老人ホームを始めとする介護施設の整備や在宅介護サービスの充実といったことだ（政府は2020年代初頭までに50万人分の介護の受け皿を整備するとしている）。また,介護施設では人材確保が課題となっている。介護人材の育成や処遇改善の必要性にも触れておきたい。

議論2（介護休業制度）　**仕事と介護を両立させるための制度**としては,育児・介護休業法が定める「介護休業制度」や「介護休暇制度」などがある。こうした制度を充実させ,利用しやすくする施策も求められる（2021年1月から,介護休暇が時間単位で取得できるようになった）。

　職場で介護休業などを取得しやすい雰囲気を醸成するため,**働き方を見直すことが必要**だとして,少子化対策と同様の提言をすることもできる。長時間労働への規制,テレワークなどの柔軟な働き方の推進などだ。助成金など仕事と介護の両立支援に取り組む企業への支援策もある。このほか,介護が必要となったときの相談・支援体制の充実を挙げてもよい。

結論の方向性　介護者を助ける施策に加え,要介護者を減らすための施策にも注目したい。介護に至らないように予防し,「健康寿命」の延伸を図るための施策の必要性についても言及しておこう。

☆ 介護離職ゼロの議論における注意点 ☆

・家族の話ではなく,政策課題であるとの認識を持つこと
・介護サービスに加え,介護休業制度のあり方も検討すること
・介護に至らないための予防策にまで視野を広げること

外国人材の受入れ

➡外国人との共生について考える

例題 新在留資格に基づく外国人材の受入れについて述べよ。

観点 日本では，少子高齢化の進展で生産年齢人口が減少するなか，人手不足が深刻化している。こうした状況に対応するため，2019年，**就労のための新たな在留資格**（「特定技能1号」「特定技能2号」）が創設された。

議論1 （労働者としての外国人） 外国人材受入れは**日本人の就労に影響する**。日本人の就労機会が奪われたり，賃金が低下したりすることがないような制度設計が求められる。また，生産性の低い産業や企業を現状のまま温存させるおそれもある。政府は受入れ分野を限定しているが，定期的な見直しが必要だろう。

外国人材受入れに当たっては，技能実習制度で問題となっているような悪質な仲介業者を排除しなければならない。外国人材に適正な労働条件を確保することはいうまでもなく重要だ。外国人材受入れ後も，企業等は引き続き生産性向上や処遇改善に取り組むべきだろう。

議論2 （生活者としての外国人） 外国人材を，単なる労働力ではなく，**生活者としてとらえる視点**も忘れてはならない。行政サービス，医療・保健・福祉サービス，住宅確保など生活しやすくするための環境を整備することはもちろん，受入れ地域での摩擦を防ぐためにも日本語教育の充実や日本文化の理解促進を図ることが必要になるだろう。このための実施体制やコスト負担をどうするかも課題だ。このほか，受入れに伴うマイナス面への対策として，医療保険の乱用防止や不法滞在者対策の強化などを取り上げてもよいだろう。

結論の方向性 外国人材を円滑に受け入れていくためには，国民の理解が欠かせない。行政が行うべきこととして啓発活動の実施にも触れておきたい。最後は，相互理解に基づく**外国人との共生社会の実現**を目指すべきだ，などと述べて締めくくろう。

☆ 外国人材の受入れの議論における注意点 ☆

・日本人の就労への影響を踏まえること
・外国人材を生活者としてもとらえること
・社会のあり方にも言及すること

はじめに

　公務員試験は，今後ますます「仕事力」や「即戦力」という視点を重視するようになる。必要な知識を習得しているかどうかに加え，「使える人材」かどうかを見極めて採用する傾向が強まっていくのだ。

　すでに，民間の就活の面接試験では，コンピテンシー面接，つまりは学生時代の社会活動実績を問う面接が増えている。性格のまじめさだけがウリでは不十分な時代に入っている。

　2012年の国家公務員試験の大改革では，幹部候補となる総合職試験で「政策論」の重視が明らかになった。国家総合職大卒程度試験の教養区分では，なんと一次でも二次でも政策についての記述試験や討議試験ばかりが出題される。

　ほかの国家公務員試験あるいは地方自治体の公務員試験でも，政策を念頭に置いた論述や集団討論が重視されている。大量採用が難しい以上，行政の担い手としての仕事力まで見極めようとするのは当然だからだ。

　これまでなら法律や経済などの知識があればOKだった。これからはそれをちゃんと行政の場で活用できるかどうかも試されるようになる。公務員としての心構えばかりが問われた論文・作文や面接も，すでに実際の行政課題にどう対処すべきかについて意見を聞くものに変わっている。

　本書はこうした新傾向に対応するために編み出された。したがって，たんなる論文対策のテキストではない。あくまでも「行政課題」や「政策論」を攻略することに特化した初の公務員試験対策本である。

　政策プランナーとしての基礎力をぜひ本書で身につけ，合格を勝ち取ってほしい。

著者一同

公務員試験における「行政課題」「政策論」の重要性

▶▶ 二次試験をあなどるな！

　公務員試験の受験勉強をしているとき，ついおろそかにしがちなのが論述試験や集団討論への対策である。

　「勉強しなければ」という意気込みが強い人は，どうしても法律や経済などの「知識の習得」に力を入れてしまう。二次試験のことを心配する前に「まずは択一式試験の突破だ」と考える人も多い。論述試験や集団討論なら「なんとかなる」と思っている人もいる。

　たしかに論述試験や集団討論の対策では，特別な知識の習得は不要に見える。じつは本書ではそういう考え方をしないのだが，かりにそうであったとしても，論述や討論には「トレーニング」がいる。だから，普段から長文を書く習慣のない人は，急に論述を書けと言われると，困ってしまうのだ。

　慣れが必要である以上，訓練には時間がかかる。択一式の問題を1問解くのなら，時間も短くて済み，正答も明瞭だ。ところが，論述の練習をしようとすると，時間はかかるし，しかもそのよしあしは，たとえ第三者に見せて評価してもらったとしても，はっきりしたものではない。それに，論文ならなんとか一人で練習できるが，集団討論は一人ではどうにもならない。

　だから，二次試験では受験者の底力がわかるのだろう。日頃から学校で論文を書いたり，討論したりした経験がモノを言うからだ。ヤバイと思った人はせめて本書を使い，トレーニングを積んでおくべきだ。

▶▶ あらゆるシーンで必要となる「政策論」

　公務員試験は「知識重視型」から行政の担い手としての「資質評価型」へと変わりつつある。国家総合職試験が二次試験で「公共政策」を導入したのを皮切りに，他の国家公務員試験でも，そして地方公務員試験でも，行政課題や公共政策についての論文試験や集団討論を課すことが当たり前になってきた。実際，すでに東京都Ⅰ類Ａでは専門記述式試験の選択科目に「公共政策」が置かれている。今や国も自治体も，本気で公務員を目指しているのかを「行政課題や政策についてちゃんと考えているか」によって確認しようとしている。

　論文試験で求められるのは感想文ではない。「防災」や「少子化対策」といったテーマについて，政策的観点からの議論を展開しなければならない。警察官の論述試験だって，今は「警察官としての心得」のような感想文ではない。「少

年犯罪の増加の原因と対策」といったテーマで政策論文を書かされるのだ。

　公務員試験の二次試験の形式は多様化している。論文試験に加え，集団討論を行うのは，もはや定番である。東京都や大阪府や徳島県のように，プレゼンを課すところも出てきている。テーマも多種多様だ。地方公務員試験なのだから，「どうせ地元活性化に関するテーマが出るのだろう」などとあなどってはいけない。「社会保障制度のあり方」（広島県）や「道州制導入の是非」（宮崎県）など，国全体の行政課題についてディスカッションしなければならないこともある。政策論については，意見の内容だけでなく，的確に表現できているかどうかも，重要な評価基準になっているのだ。

▶「政策論」は隠れ専門科目

　最近，各大学では「公共政策」の名のついた講義をよく見るようになった。大学院には「公共政策大学院」もある。「公共政策学会」という学会もある。**すでに「公共政策」は学問として自立している。**

　学問としての公共政策は，法律，経済，行政の各科目の知識を踏まえ，政策立案に必要な思考法やノウハウを実践的かつ具体的に研究する。現場での実践を前提とした知識体系を「臨床」と言うが（臨床医学や臨床心理学など），**公共政策はいわば行政官が学ぶべき「臨床行政学」である。**

　公務員試験の二次試験は，明らかにこの「公共政策」を取り込もうとしている。論文や討論などを利用して，人物・性格とともに，臨床学としての公共政策の知識や判断力を評価しようとしている。

　だから，二次試験に向けた対策は，今後，たんなる「論文の書き方練習」では足りなくなる。**「隠れ専門科目」としての「公共政策」を意識した「政策論」の訓練が必要になるのだ。**

　本書では，公務員試験の論述，集団討論，プレゼンなどで，「行政課題や政策について論理的に議論を展開すること」を「政策論」と呼ぶ。学問としての公共政策を踏まえ，それを各種の公務員試験を念頭にアレンジしたものが本書の「政策論」である。だから，公共政策の講義とは違って，論述の書き方や討論のしかたといったテクニックも，ここでは「政策論」に含めている。**この「政策論」は，新傾向の公務員試験対策には不可欠なものとなるはずだ。**

| 政策論 | ← | 学問としての公共政策（法律，経済，行政を横断する臨床学） |
| | ← | 公務員試験の論文・討論等のテクニック（二次試験対策） |

本書の特長

▶▶「ターム」を学んで「型」から入る

　この本は，行政課題や政策を論じるのに必要な基礎知識やノウハウを「速攻で身につけたい」と思っている人のためのテキストである。政策について議論した経験が少ないことを前提に，集中トレーニングで，なんとか一定レベルまで政策を論じる力を高めよう，というのがねらいである。

　もちろん，政策をきちんと議論するには，それなりの知識と経験が不可欠だ。社会科学全般についての知識に加え，哲学的価値観や心理学的人間観も政策論には必要になる。しかも，求められるのが「公的問題の新たな解決策の提示」である以上，アイデアを生み出す力も，周囲の人たちにそれを説明するコミュニケーション力もなくてはならない。これらを一気に身につけようというのは至難の業だ。

　そこで，**本書では「まず『型』をきちっと押さえる」という手法をとることにした**。武道や芸事などなんでもそうだが，最初に「基本の型」を学んでそれを応用するというのは，「実践が伴う技」の一般的な修行の方法だ。それを政策論にも当てはめ，つまりは「形から入る」ことで，論文や討論をまず「それらしく見せよう」というのが，ここでの戦略である。

　いくら知識が豊富であっても，議論の仕方が友達との会話風だったり，政治家の演説のようだったりすると，「公務員にはふさわしくない」と評価されてしまうかもしれない。いくらアイデアが豊富でも，自己満足的な断定口調でそれを語るようでは，公務員に必要な奉仕者としての資質に欠けると判断されるに違いない。

　では，習得すべき政策論の「基本の型」とは何か。

　それは政策論で普通に用いられる用語や言い方である。行政や経済の専門用語だけではない。「施策の方向性」のような言い方も，「等」をつけるといった言葉遣いの癖も，政策論には不可欠な型なのだ。

　こうした政策論に必要な用語や言い方を本書では「ターム」と呼ぶ。これから説明するように，それぞれのタームには「政策論の考え方」が込められている。だから，タームを使いこなすことが政策論では必要となるのだ。

　政策論初心者は，まず本書で「ターム」という「型」を学ぼう。50のタームをマスターして，政策論の基本テクニックを身につけよう。

本書の構成

　本書は５つのパートで構成されている。

　まず巻頭特集の「**今年の注目テーマはコレだ！**」では，注目10テーマを取り上げ，各テーマの議論のポイントをまとめている。本書の執筆陣は公務員試験の時事対策本として定評のある『速攻の時事』も担当している。今年注目すべき10テーマは，政治，経済，社会などの時事テーマを幅広く検討したうえで決められている。

　目次に引き続き，「**議論のコツ**」を学ぶパートが置かれている。よく出される政策テーマを例題に使って，論述や討論のポイントを学習するところだ。テーマについて「何を書けばよいか」という知識整理は時事対策本にゆだねよう。本書では「どう書くべきか」のコツを修得してもらいたい。

　例題は12問。そのうち10問が基礎問題で，２問が応用問題（国家総合職レベル）である。このパートの最後には「議論のコツ」についてのチェックリストも付けた。活用してほしい。

　なお，例題の解釈や解法はあくまでも著者の示す一例にすぎない。本書の解説よりもっと魅力的な政策案を示すことも当然可能だ。

　さて，本書の後半は「**政策論」のテキスト**になっている。レベルに応じて，PART Ⅱは「政策論の初歩」，PART Ⅲは「政策論の基礎」，PART Ⅳは「政策論の応用」に分類されている。

　「政策論の初歩」は，初心者に向けた注意（第２章）と，常識タームの確認（第３章）から成り立っている。政策論などまったくしたことがない，といった人たちが読むべき部分である。ざっとながめて当然の話ばかりだと思った人は，すでにこのレベルはクリアできている。流し読みして，次に進んでかまわない。

　「政策論の基礎」と「政策論の応用」では，政策論に必要な基本タームを，論文や討論で具体的にどう使うかなども含めて，詳しく解説している。「応用」はやや専門的だが，我慢してマスターすれば，差がつく論文や討論が可能になるはずだ。

　なお，政策論のパートでは，各タームの解説の最後に簡単なクイズが付けられている。解答は各章の最後に置かれているが，まずは見ないで考えよう。

巻頭特集　今年の注目テーマはコレだ！

今年の注目テーマ01	地球温暖化対策	4
今年の注目テーマ02	少子化対策	6
今年の注目テーマ03	地方活性化	8
今年の注目テーマ04	防災	10
今年の注目テーマ05	働き方改革	12
今年の注目テーマ06	経済安全保障	14
今年の注目テーマ07	デジタルガバメント	15
今年の注目テーマ08	食品ロス削減	16
今年の注目テーマ09	介護離職ゼロ	17
今年の注目テーマ10	外国人材の受入れ	18

はじめに	19
公務員試験における「行政課題」「政策論」の重要性	20
本書の特長	22
本書の構成	23

PART I　議論のコツ

第1章　論述・討論のまとめ方　—— 27

議論のコツ01	政府の役割を意識する！	28
議論のコツ02	政策論だと気づく！	30
議論のコツ03	問題文中にヒントを見つける！	32
議論のコツ04	現状をきちんと整理する！	34
議論のコツ05	統計を意識する！	36
議論のコツ06	多様な視点を提示する！	38
議論のコツ07	なにごともバランスよく！	40
議論のコツ08	自発的な意識改革に頼らない！	42
議論のコツ09	慎重な姿勢を示す！	44
議論のコツ10	アイデアは未来を見据えて！	46
議論のコツ11	追い風を感じたら大胆な提言を試みる！	48
議論のコツ12	制度改革はネットワーク重視で！	52

PART Ⅱ　政策論の初歩

第2章　勘違いからの脱出 ——————————— 57

TERM01　対策　　　　　　　58
TERM02　現実　　　　　　　60
TERM03　具体　　　　　　　62
TERM04　意向　　　　　　　64
TERM05　行政サービス　　　66

第3章　常識タームの確認 ——————————— 69

TERM06　要因　　　　　　　70
TERM07　面　　　　　　　　72
TERM08　等　　　　　　　　74
TERM09　コスト　　　　　　76
TERM10　無駄　　　　　　　78
TERM11　段階　　　　　　　80
TERM12　連携　　　　　　　82

PART Ⅲ　政策論の基礎

第4章　政策分析の基礎 ——————————— 85

TERM13　公共政策　　　　　86
TERM14　対象　　　　　　　88
TERM15　ニーズ　　　　　　90
TERM16　調査　　　　　　　92
TERM17　利害　　　　　　　94
TERM18　トレードオフ　　　96

第5章　政策の価値 ——————————— 99

TERM19　公共性　　　　　　100
TERM20　公平　　　　　　　102
TERM21　小さな政府　　　　104
TERM22　民主　　　　　　　106
TERM23　権利擁護　　　　　108
TERM24　安全・安心　　　　110

第6章　政策の実施 ——————————————————— 113

- TERM25　規制　114
- TERM26　行政指導　116
- TERM27　補助金　118
- TERM28　計画　120
- TERM29　実施体制　122
- TERM30　権限　124
- TERM31　財源　126
- TERM32　広報　128
- TERM33　ポジティブ・アクション　130

PART Ⅳ　政策論の応用 ◀

第7章　市場の失敗 ——————————————————— 133

- TERM34　市場の失敗　134
- TERM35　フリーライダー　136
- TERM36　外部性　138
- TERM37　モラルハザード　140
- TERM38　セーフティネット　142
- TERM39　格差是正　144

第8章　政府の失敗と官民協働 ——————————— 147

- TERM40　政府の失敗　148
- TERM41　規制改革　150
- TERM42　PPP／PFI　152
- TERM43　公共サービス改革　154
- TERM44　新しい公共　156
- TERM45　住民参画　158

第9章　政策の評価 ——————————————————— 161

- TERM46　PDCAサイクル　162
- TERM47　アセスメント　164
- TERM48　効率　166
- TERM49　費用便益分析　168
- TERM50　説明責任　170

重要用語一覧　173

PART I

議論のコツ

第1章
論述・討論のまとめ方

PART I では，
過去に出題された論述や討論の問題を参照しながら，
実際にどのように議論を展開していくべきかを考えていく。
例題のすぐ下に解説があるが，
できれば解説を読む前に，
自分ならどう議論するかをしばらく考えてほしい。
ちなみに，解説は模範解答ではない。
あくまでも考え方のヒントなので，そのつもりで読むこと。
だれでも考えそうな「ベーシックな見方」がきちんとできたら，
PART I はクリア！

政府の役割を意識する！

➡公務員試験ならではの論述を心がける

例題 競争社会の功罪について述べよ。　　　　　　　　（山形県・論文試験）

注意点　地方上級の論文試験の課題である。論題は競争社会の功罪。課題文は，現代の社会状況の一側面について利点と欠点を指摘することを求めており，一見，政策論とは無関係に見える。果たしてそうだろうか。

　競争社会の「功」と「罪」と言われると，すぐ「人間と人間の競争」を思い浮かべる人が多い。そういう人は，身近な例である「学校」や「受験」から考え出すか，フリーターやホームレスをイメージする。「功」のことは後回しにするか，忘れてしまう。しかも，「罪」についても，「罪＝落ちこぼれる人の発生」という程度のことしか頭に浮かばず，あとは「かわいそう感覚」で自分の体験などを書き進め，「つらい思いをする人が出ないような社会にしたい」的なありきたりの結論で文章を終えてしまう。

　これでは中学生レベルの「作文」だ。言っていることは間違いではないけれど，現代社会への深い洞察はみじんも感じられない。

> **社会問題は人間関係だけで語るものではない**
> →　**個人を思い浮かべるときは，法人も想起せよ！**

　今回の出題者はけっこう「いじわる」である。自分のやさしさだけをウリにする「子どもの作文」が多く出てくることをわかっていながら，「そんな甘い社会認識では公務員にはさせないぞ」という雰囲気を漂わせている。**対抗するためには「公務員の視点」を取り入れるしかない。**

　社会の現状について考えるときには，個人の問題だけでなく，企業活動のことも頭に置き，さらに政府の役割を意識しながら，幅広く考える癖をつけよう。その際，**どういう施策が必要か，また可能か，という視点を忘れないことが大切だ。**

考え方1　競争は進歩には必要な要素である。企業の発展も，技術開発も，そして個人の成長も，「適度で公正な競争」があるからこそ成し遂げられる。「競争」というと「他者を蹴落として」といった悪いイメージを持たれやすいが，「競争」は相手を滅ぼす「闘争」ではない。そもそも「競争」を悪者にして，グローバル経済時代の国家の成長戦略など，描けるわけがないではないか。

　政府としても，個人や企業が競争に向かっていく機運を高めるべく，政策的配慮をしていく必要があるはずだ。こういう点を「功」には盛り込みたい。

考え方2　そうは言っても，競争がある以上，「敗者」は必然的に生み出される。よく「敗者」と「弱者」を同じに考える人がいるが，それは違う。弱者にはハンディがあるため，公正な競争にならない。したがって，行政による適切な支援が不可欠である。一方，敗者については，立ち直るためのチャンスが必要である。すなわち，「負けすぎて立ち直れない」状況をつくり出さない施策を用意すればよいのだ。「罪」についてはこうした見方をとるようにしよう。

課題はつねに政府の必要性に結びつけて考える
→　**あくまでも公務員試験の論述であることを忘れずに！**

書き方　競争社会の「功罪」のうち，「功」を伸ばすための施策としては，まず規制緩和が重要だろう。行政は，慎重な対応を進めているうちに，つい余分な規制までしてしまう。もう必要なくなった古い時代の規制が残っていることもある。業界団体との「つきあい」のなかでつくり上げられた（入札制限のような）新規参入者には不都合な手続きだって，あるかもしれない。

　新薬の開発などでは，慎重な審査制度がかえって安心・安全な生活を阻害することもありうる。企業のグローバル競争を念頭に，国としても迅速で効率的な制度運用を心がけるべきだ（2020年に施行された改正医薬品医療機器等法はこうした考えに立ったものであり，評価したい）。

　一方，「罪」については，セーフティネットの存在を指摘すべきだろう。その際には，敗者の救済にかかわる施策と敗者を勝者に変えるための施策を分けて提唱するのがよい。

　敗者の救済策では，ホームレスなど最低限度の生活が維持できなくなっている人に対する救済策や自立支援策に言及することが必要となる。企業については，連鎖倒産を防止するための一時的な資金供給や自然災害などによる被害の補填といった救済策が，セーフティネットに該当する。

　敗者を勝者に変える施策には，個人レベルであれば，たとえば失業者が職を得るのに役立つ職業訓練等の提供がある。企業レベルであれば，新たな事業資金の低利での貸付などの措置を提言したらよい。

　このくらい幅広く「競争社会の功罪」を議論できれば，論述としては合格点のはずだ。ここまでできなくても，周りに「作文派」の人が多ければ，政府を意識しただけで「論述競争」には勝っているだろう。

政策論だと気づく！

➡時代の課題を意識した論述を

例題 仕事と生活の調和（ワーク・ライフ・バランス）について述べよ。

（国家一般職・論文試験）

注意点 国家一般職の論文試験の課題である。論題は「仕事と生活の調和」だ。さて，一体何を議論すればよいのだろうか。

「仕事と生活の調和」がなくてよいはずはない。したがって，現在は調和が乱れているとの認識に立って，その回復を語ればよいように見える。まず状況認識として，24時間営業する店の増加や，国際競争に勝つために夜中も働く労働者の「苦境」を述べる。彼らの生活は乱れていて気の毒だ。生活リズムを正したほうが健康によいはずだし，働きすぎの日本人はもっと生活をエンジョイしたほうがよい。そんな話になる。

愚かでない以上，就職試験で「私も自分の生活を大切にし，仕事人間にならないようにしたいと思います」といったホンネまでは書かないだろう。だが，それでも生活重視の話ばかり書くと，**「個人」が前面に出過ぎる印象**になる。公務員試験の論題なのだから，個々の労働者に気楽な暮らしを奨励するだけで，合格レベルに達するわけはない。

そもそも，この論題には括弧書きで「ワーク・ライフ・バランス」という言葉がつけられている。キーフレーズがあるということは，すでに政策として推進されている可能性が高い。そうだとすると，**きっと個人レベルを超えた「国家的都合」**というものがあるはずだ。そんなふうに考えを進めていきたい。

> 論題に政策用語がないか，しっかり確認する
> → 　政策論だとわかったら，議論を個人レベルから切り離すべし！

考え方1 「仕事と生活」のように「A and B」のフレーズがあったら，AのBへの影響だけでなく，BのAへの影響も考えなければならない。この論題なら，仕事が生活に悪影響を与えている面だけでなく，生活のために仕事を犠牲にせざるをえない面についても，思いをはせる必要がある。

多くの受験者にとって，生活は「私生活」である。だが，社会全般を念頭に置けば，多くの労働者にとっての生活が「家庭生活」だとわかる。つまり，養育すべき子どもや介護すべき親を意識しなければいけないのが，ここで論じる

べき「生活」なのだ。

考え方2　ならば，子育てや介護のために就労をあきらめる女性の話もしたほうがよい，とすぐわかる。男性の育児休業取得率などにも言及すべきなのではないか，と気づいてくる。

　この論題は，じつは**「少子高齢化」**という時代背景を踏まえている。キーフレーズで表された政策の意図もそこにある。ここまで来れば，議論すべきことは明らかだ。ワーク・ライフ・バランスは，個人の健康や娯楽の観点からのみ語るべきものではない。次の世代の日本人をいかに増やし，前の世代の日本人をいかにケアするか。そういう大きな話だと考えるべきだ。

国家的課題を意識しながら，論題を見直してみる
→　**時代背景がわかれば，議論すべきことが見えてくる！**

書き方　仕事と生活の調和（ワーク・ライフ・バランス）は，特に子ども・子育て支援ならびに男女共同参画社会の実現という2つの点において，きわめて重要な政策理念であると言ってよい。前者は子育てしやすい家庭・労働環境を必要とする。そして，子育てしやすい家庭・労働環境は，女性の社会進出を後押しできる。つまり，子ども・子育て支援と男女共同参画は，「ワーク・ライフ・バランス」をキーワードに，一体として推進されるべきものなのである。論題の「ライフ」は生活の意味だが，「子どもの生命」や「人生」を表すものとして，この言葉をとらえ直してもおかしくないのではないか。

　具体的には，労働者である男性が育児や家事にかかわる時間を確保できるよう，長時間労働の抑制や有給休暇取得率の向上を図るべきだろう。また，男性の育児休業取得についても，取得促進に向けた環境整備を進めるべきだ。一方，女性労働者については，出産を機に退職する人への対応が必要だ。仕事と出産・育児・家事などとを両立させやすい職場環境づくりを政策で積極的に支援すべきだろう。

　女性の社会進出と子ども・子育て支援は，現在と将来の社会の担い手の増加に直結する。日本人のワーク・ライフ・バランスの適正化は，日本の命運をも左右する重大施策なのだ。

　こんなふうに時代背景を意識しながら大きく出れば，私生活論者には勝てる。国家の命運を論じる必要まではないかもしれないが…。

第1章　論述・討論のまとめ方

問題文中にヒントを見つける！

→長い課題文はラッキー

例題 公立小中学校等において，授業時間の確保のため，週休二日制をやめて土曜日授業を行うことの是非について述べよ。 （福島県・集団討論）

注意点 地方上級のグループ・ディスカッションの課題である。論題は教育政策。政策案のねらいは授業時間の確保。検討すべき政策内容は「土曜日の授業実施」である。

この課題文の特徴は長さにある。「少子高齢化について」といった短い論題と異なり，途中を点で区切りながら，いくつかの要素を一文に盛り込んでいる点に注目しよう。

> 課題文は長いほど，議論のヒントが示されている
> → まず課題文を部分ごとに分け，出題者の意図を理解する！

この例題の文には，たとえば次のようなヒントが隠されている。

考え方1 この討論の進行で留意すべき点は，第一に「是非について」というこの課題文の終わり方である。「是非」とある以上，この討論では最低でも「肯定すべき理由」と「否定すべき理由」を列挙しなければならない。そのうえで，マイナス点をカバーしながら賛成の方向で議論をまとめるか，あるいはマイナス点が大きいとして代替案を示すか，そのどちらかを最終的には決定しなければならない。

司会役にならなくても，こうした「討論のシメの姿」はつねに頭に置いておく必要がある。必要なら，途中で「そろそろ問題点に移ったほうがいいと思うのですが〜」などと，「是非」を意識しながら討論していることを示したほうがよい。

考え方2 「授業時間の確保のため」という目的は，**この討論においては事実上の前提となっている**。「授業時間はもっと少なくてよい」といった「ゆとり教育論」を出してみても「いまさら」といった印象を与えるだけだろう。

そもそも「授業時間の確保」の必要がなければ，こんな議題は出てこない。代わりに，「ゆとり教育のために週休三日制にすることの是非」が話題になるはずだ。ようするに，「授業時間の確保のため」という部分については，是非を語ってはいけないのである。

考え方3　長い課題文は，議論に必要な「現状認識」についてもヒントをくれている。

　わざわざ「公立小中学校等」と書く以上，おそらく私立の小中学校や高校の一部には，土曜日授業を実施しているところがあるのだろう。もしそうならば，公立と私立の違いについて指摘する必要も出てくるかもしれない。

　課題文の単語からイメージを膨らませ，「現状認識」を広げておくのもよい。たとえば，「週休二日制」からは親の仕事の休日を連想できるし，「土曜日授業」からは，授業以外の部活動なら土日もやっているはずだ，と気づくだろう。教員たちは土日もけっこう働いている，という現実もわかるはずだ。

> 制度改革の議論では，是認論の趣旨を踏まえて議論する
> →　不都合を見つけても，勝ち誇って指摘しない！

語り方　さて，こうした制度改革（学校週休二日制の廃止）を伴う討論では，1つか2つの問題点はすぐに見つかる。だから，すぐにケチをつける人が出てくる。だが，そういう振る舞いはたいてい軽率に見える。

　すでに述べたように，課題の意図は「授業時間の確保」である。したがって，まず是認論を踏まえたうえで，それを補う提案をするといった考え方をしていったほうがよい。

　子どもたちが1日に習得できる内容は限られているから，平日の朝や夕方に授業は増やせない。ゆえに，土曜日を使って授業を行うことには，教育効果の観点からも合理性がある。また，中学校では部活動などで，生徒はけっこう土曜日も学校に出てきている。ならば，土曜日に多少の授業を行うことは，さほど大きな負担にはならないはずだ。実際，私立学校のなかには土曜日に授業をしているところもある。こんな感じで議論を展開していける。

　問題点の指摘は，こうした是認論のあとで，おもむろに始めたほうがよい。できればステークホルダーごとに分けて説明していこう。子ども，教員，保護者の立場から，週末の自由活動への制約，教員・学校の負担増，親と週末に話をしたり出かけたりする機会の減少，などを指摘するのだ。

　そのうえで，「授業時間確保」という**既定路線に沿って代替案を出していく**。たとえば夏休み・冬休みを少し短くして授業日に当てるとか，平日に祝日がある週については，土日のどちらかを授業日にして補う，といった提案である。

　こういう感じの流れになれば，討論のシメの姿にも「落ち着き」が出てくる。討論としては成功と言えるだろう。

第1章　論述・討論のまとめ方

現状をきちんと整理する！

➡慌てて対策に行かない

例題 インターネット等の高度情報通信ネットワークを利用した犯罪情勢と
その対策について述べよ。　　　　　　　　　　（静岡県警察官・論文試験）

注意点 大卒警察官の論文試験の課題である。論題は最近深刻化しているサ
イバー犯罪。論じなければならないのは「情勢」と「対策」の２点である。
　まず考えるべきは「情勢」と「対策」の配分だ。どちらを多く書いたほうが
説得力のある論述になるだろうか。
　おそらく，こうした論述では，多くの受験者が「対策」に力点を置いて議論
を展開する。理由は第一に現状についての知識が乏しいためであり，第二に結
論さえしっかりしていれば論述は合格できると思い込んでいるからである。
　実際，「情勢」は知識がないと語れない。「対策」は自分のアイデアなのだか
ら，なんとかひねり出すことができる。そこで，「情勢」については，「イン
ターネットの普及とともにサイバー犯罪も増えてきた」とか「不正侵入が横行
している」といった，だれにでも書けそうな内容だけで終わらせてしまう人が
出てくる。「情勢分析」というよりも，たんに「前提」を示すように当然の現
状認識を書いて，さっさと「対策」に行こうとするのだ。
　こうして，あたかも「すばらしい対策さえ出せれば勝ちだ！」と言わんばか
りの作文ができあがる。実際に「すばらしい対策」ならばよいが，情勢がきち
んと分析できていない人に妙案が浮かぶはずはない。「ウイルス対策をちゃん
としましょう」的な結論が表現を変えて繰り返されるだけだろう。
　政策を考えるとき，なによりも重要なのは的確な現状把握である。状況がわ
かっていないのに，有効な対策など立てられるはずはない。だから，この種の
論述では，まず「情勢分析」がしっかりしていることを示すべきである。アイ
デアの豊富さをウリにする前に，**高い分析力を持った人材であることをアピー
ル**するほうが先だ。

> 情勢を語るべき論述では，まず分析能力の高さを示す
> → 　対策はしっかりとした現状分析を踏まえてから！

考え方1 「情勢」については，「時事対策」をきちんとしていて知識を持って
いるのであれば，当然それを書くべきである。そうでない場合は，問題点を頭

のなかで列挙し，できるだけ分類整理してみる。

　情報がかかわる話では，どんな場合でも，受信と発信の両面を考えてみるべきなので，この論題でもそうするとよい。ようするに，機密情報を無許可で受信することと，有害情報を勝手に発信することの２つを分けて整理するのだ。

考え方２　「対策」については，**すでに実施されている対策と，今後導入を検討すべき対策の２つを分けて論じる**のが基本である。とにかく新しい提案をしないと，と思って無理をするくらいなら，すでに実施されている対策をきちんと評価したほうがよい。それだって，立派に「対策」について議論したことになるのだ。

　これは警察官の試験なので，犯罪抑制のための自由の制約は必要，との立場を取らざるをえないだろう。ネット社会への公権力の介入については，言論の自由の観点から拒否反応を示す人もいる。そういう視点も大事なのだが，この論述では触れないようにするか，「配慮が必要」との一言を入れる程度にとどめなければならないだろう。

> **頭に浮かんだ対策は，きちんと整理してから提案する**
> →　**つまらない提案よりも，現行の対策の評価を優先させる！**

　書き方　インターネット等の高度情報通信ネットワークを利用した犯罪（以下，サイバー犯罪）については，①不正アクセスによる個人情報・企業情報・国家機密等の取得，②ネットワークを通じての有害情報の頒布・販売等の行為，③コンピュータに負荷を与え運用停止に追い込む等の妨害行為，の少なくとも３種を指摘できる。サイバー犯罪については，サイバー・テロやサイバー・インテリジェンスの脅威もある。また被害者には出会い系サイトなどに誘引された児童も含まれていることから，早急な対策が求められている。

　政府は，2011年には刑法を改正し，いわゆる「コンピュータウイルスに関する罪」を新設した。2012年には他人のID・パスワードの不正流通を防ぐことを目的に不正アクセス禁止法が改正され，罰則が強化された。2014年にはサイバーセキュリティ基本法も成立し，その後たびたび改正・強化されてきた。また，著作権法もしばしば改正され，「違法ダウンロード」行為に対し罰則が科されている。着々と法整備が進んでいることについては，言及と評価を忘れず書き込みたい。

　個人レベルでは，セキュリティ・ソフトの普及はもちろん，児童・生徒を有害情報から守るフィルタリング・ソフトの普及促進を図るべきだろう。

　こんな感じの論述がよいと思うが，最低限の時事知識は必要になる。

第1章　論述・討論のまとめ方

統計を意識する！

➡知らない事実は想像する

例題 自殺を防止するために有効と考える行政の施策について。

（国家一般職・論文試験）

注意点 実際の試験では自殺をテーマに３つの意見を書くように求められている。これはその３番目だ。

問題文は，まず「自殺対策基本法」に言及し，それから毎年の自殺者数を示す。そして，①自らの命を絶つことは個人の自由であるという考え方についてと，②毎年の自殺者が依然として多く出ている社会的背景について意見を書かせ，そのうえで，この課題，すなわち③自殺防止策について述べよ，となっている。

国が「基本法」までつくって対策を打ち出している以上，自殺は政策的対応が必要な「社会問題」である。とすれば，個人の判断を過度に重視する①のような意見は否定し，②の社会的背景の分析に力を入れ，それを踏まえて③の提言をまとめる，というのが論述の流れとなる。ここでも問題文が，ありがたいことに，論述をどう進めたらよいのかのヒントをくれている。

ところが，この問題文では，毎年の自殺者数の内訳や詳細は示されていない。ここが頭の使いどころである。自殺者の男女比，年齢比，動機などについて，**「きっと統計ではこうなっているはずだ」と想像をめぐらせる必要がある**のだ。そうしないと，まったく分析的でない大ざっぱな社会的背景を語るだけになってしまう。たとえば，「社会的な絆の欠如」といったようなやつだ。

> 問題文になくても，要因分析では統計を想像してみる
> → **大ざっぱで主観的な社会論では説得力に欠ける！**

考え方1 問題文は自殺者が多いと指摘し，社会的背景について考えさせている。社会学の基礎知識があれば，集団規制が強い社会では自殺が少ないことを思い出すこともできるだろう。一人で悩むことが少なくなれば，自殺の予防につながるのではないか。

もちろん，社会的背景には経済的背景も含まれるだろう。働き手が倒産や失業で仕事を失い，あるいは借金だらけになれば，自殺を考えることもあるだろう。対策を考えるうえでは，この点は無視できない。

考え方2 動機とともに年齢内訳について，さらに推測していこう。たとえば，未来に絶望し命を絶つ若者が増えた可能性はないだろうか。事実，自殺は15～39歳の各年代の死因の第1位になっている。しかし，それだけで万単位の自殺者の説明要因になるとは思えない。若い世代の自殺を減らすための施策が重要なのは明らかだが，自分が若いから若い世代にしか目が向けられないのだろうと思われてはマズい。

　むしろ，自殺者のなかには多くの高齢者が含まれていると考えるべきだ。高齢化は急速に進んでおり，一人暮らしの老人も増えている。健康問題を抱え，気力まで失っている人も多いことだろう。家族に迷惑をかけていることを気に病む人もいるはずだ。いや，文字どおり「気を病んでいる」のかもしれない。老人性うつ病による自殺が大きな要因とは考えられないだろうか…。

> **社会問題では，つねに少子高齢化を意識する**
> →　**解決策も日本の人口の変化を念頭に！**

書き方 自殺対策で最も重要な施策が相談体制の充実にあることは間違いない。いわゆる悩み相談に加え，中高年の働き手に対する雇用相談・経営相談の強化も図るべきだ。また，電話での相談窓口（いのちの電話）や2020年にできた「いのち支える自殺対策推進センター」があることについても，周知徹底を図るため，もっと広報に力を入れたらよい。

　若年者の自殺防止については，インターネット上の自殺関連サイトへの対応が急務だ。いじめ自殺の危険も考え合わせると，各学校におけるスクールカウンセラーの役割強化などを図るべきだろう。

　中高年と高齢者の自殺には「うつ病」が関与している可能性が高い。精神科にかかることへの心理的抵抗を想定し，行政はうつ病の受診率が高まるよう，政策的関与を積極化させるべきだ。

　自殺は，それを止める人が周りにいることで予防可能である。そのためには，全国民が自殺についての知識を持ち，「気づき合い，見守り合う社会」を実現すべく努力することが望ましい。さらなる啓発活動の必要がある。

　自殺防止には「孤独・孤立」をなくすことも重要だ。2023年には**孤独・孤立対策推進法**が成立したが，同法に基づき，相談体制の整備や支援人材の確保などを早急に進めるべきだろう。

　自殺対策の部分については，ざっとこんな感じになる。いずれにしても，**世代や動機について分けて施策を考えることが重要だ**。

第1章　論述・討論のまとめ方

多様な視点を提示する！

➡検討過程で能力アピール

例題 県内への観光客数を増やすためには，どのような取組みが必要か。行政としてのかかわり方を述べよ。 （長野県・論文試験）

注意点 地方上級の論文試験の論題である。定番の観光誘致がテーマで，受験者には具体的にアイデアを示すことが求められている。

この論題で何よりも注意すべき言葉は「行政としてのかかわり方」である。いくらアイデアがすばらしくても，行政にふさわしくないものはダメに決まっている。出題者は，親切なことに，問題文でそれを教えてくれているのだ。

「行政としてのかかわり」を持ちにくいものは，すぐ思いつくはずだ。テレビの番組づくりと同じで，あまりにも下品なネタはダメだし，バラエティ的な発想も度を超すとよくない。タレント頼みも不可能ではないが，観光大使やイベントのゲストがせいぜいだろう。

財政面での制約があることも意識すべきだ。国も自治体も財政難にあえぐなか，「スキー場をつくれば人が来る」といった発想は，昔と違い，建設費の観点から簡単に否定されてしまう。**今は，観光施設をつくる財政的余裕がないことを前提に提案を考えなければならないのだ。**

それに，公共の利益を担うべき行政がかかわる以上，そもそも民間企業が行うべき事業を提案することにも問題がある。「SPY×FAMILYランドかK-POP・スタジオ・ジャパンをつくっちゃいましょう！」的な企画は，少なくとも，全面的に県の予算でやるべきことではない。

> 提案するときは，公共利益と財政負担を意識する
> → 検討過程を示しながら，視野の広さをアピール！

考え方1 建設事業を提案するのであれば，**遊びの施設よりもインフラ整備に重点を置くほうがよい。** 実際，せっかく世界遺産への登録に成功しても，観光バスが入れる道がなければ，観光客数は増えない。道路の拡張整備のようなちょっとしたインフラ整備でも，観光客の増加に役立つと思うならば，一言触れて，視野の広さをアピールすべきだ。

ちなみに，交通の便をよくすることには問題点もある。たとえば，新幹線の駅ができれば都市部からやってくる観光客は増えるかもしれないが，地元の若

者たちが都市部に出て行きやすくなって，生産年齢の人口減少が起きる可能性もある。論題が観光客数の増加であっても，それだけ語っていればよいと思ってはいけない。「行政として」が前提である以上，ほかの政策への悪影響の懸念があるなら，きちんと指摘しておくべきだ。

考え方2 他県からだけでなく，海外からの観光客の増加を意識するのも重要だ。政府は訪日外国人旅行消費額や訪日外国人旅行者数についての目標を掲げ，インバウンド拡大に取り組んでいる。これを意識しながら，外国人観光客が訪れやすい観光地への改善を提案するのもよいだろう。

　日本には多くの文化財がある。2020年には「文化観光推進法」が成立し，文化財の観覧や文化体験などができる「文化観光」の普及が図られることになった。これを外国人観光客誘致と結びつけるのも一案だ。

> 企画案ではほかの行政分野にも配慮し，視野の広さをアピール
> →　国内のニーズに加え，国際的ニーズも意識する！

書き方 　自治体レベルで観光客数を増やすためには，観光施設の建設誘致，イベントの開催，イメージアップのための広報などの手法が考えられる。

　このうち，自治体としても相応の財政負担を余儀なくされる新規観光施設の建設は，今の財政状況を考えれば容易ではない。また，「B級グルメ大会」のような観光イベントは，たとえ名産品開発による長期的経済効果が期待できるとしても，やはり基本的には「国内向け」「一時的」な効果しか持たないと考えるべきだ。したがって，若手職員として観光客の誘致に貢献するとすれば，まず考えるべきは同世代の好みを理解したうえでのイメージアップ戦略に違いない。

　ここから先は受験者個々人のアイデア勝負である。公共利益と財政負担を意識しながら，頭をひねってほしい。

　すばらしい提案であれば，もちろん高い評価がもらえる。だが，優秀な公務員たちが長い時間かけて真剣に検討しても，観光誘致策のヒットはなかなか出ないのが実態である。自分の提案を「どうだ，すばらしいだろう」という感じで出しても，「そんなのとうの昔に却下になったよ」などと言われかねない。だったら，**無理に斬新な発想をひねりだすより，いろいろな角度から企画を検討する能力をアピールする**という手もあるはずだ。

　いずれにしても，ここでは「こういう妙案がある」という示唆は控えよう。提案型論文への対応策の1つに，多様性重視・検討過程尊重という戦略がとれることは忘れないようにしたい。

第1章　論述・討論のまとめ方

なにごともバランスよく！

➡偏らないのが公務員

例題 広域自治体と基礎自治体の役割分担について述べよ。

（宮城県・論文試験）

注意点 専門記述式試験の問題のように見えるが，地方上級の論文試験の課題である。論題はレベルの異なる自治体間の役割分担。もちろん都道府県と市町村をイメージして論述を進めるべきだろうが，問題文で使われている言葉が「広域自治体」「基礎自治体」なので，必ずしも現在の自治体の姿にとらわれる必要はない。理想的な自治体の在り方への言及も可能である。

また，この論題では，自治体の役割分担について，原則を述べるだけでなく具体例を示す必要もある。このうち，原則については地方自治法や行政学の基礎知識を書き込むこともできる。

これだけ多様な要素を盛り込めるとすると，**論述に先立ってまず考えなければいけないのは，内容構成上のバランスである。** 現状と将来像，原則と実例，学問上の基礎知識と自分の意見。そういったもののバランスを考えながら書かないと，論述が勢いに流されてしまう。

たとえば，「基礎自治体は住民に身近な行政を担当し…」などと，ありきたりの原則を一言述べただけで，具体例に移るとする。保育所の認可は基礎自治体がいい。介護保険もやっぱり基礎自治体だなどと，実例ばかり並べて論述を終えることになる。これでは，身近な行政の例をただ思いつくままに書いてみただけの論述に見えてしまう。

かといって，法学や行政学の知識ばかりでもダメだろう。勉強した人は知識を誇らしげに書きすぎる傾向がある。「フランスの自治制度は3層構造で…」などという話は，一般の論文試験で詳しく説明するべきものではない。

いずれにしても大切なのはバランスである。 原則を踏まえて具体例を論じなければならない論題が出たときには，どちらかに偏らないように注意する必要がある。

> 原則と実例のバランスを考え，戦略的に構成を練る
> → 　一般の論文試験では知識を書きすぎないように！

考え方1 意識すべきは近年の「地方分権改革」である。おそらく，この論題

もそれを踏まえて出されたものだ。知識があるところを見せたいなら，地方公共団体の定義や類型といった話だけでなく，「地方分権一括法」や自治体の広域連携を促した地方自治法の改正（2014年）など，**公務員の基礎知識に触れておくほうがよいだろう。**

　ちなみに，改正地方自治法の連携協約を利用して設置された連携中枢都市圏には，2023年4月時点で38の圏域に372の市町村が参加している。基礎自治体の行政能力を相互に補完するための工夫として言及してもよいだろう。

（考え方2）近年の改革路線を念頭に置く以上，**現状と理想像とのバランスは「現状の改善」を中心にするのがよい。**現状の問題点ばかり書くのも，あるいは究極の理想の自治体像を書くのも，ともに適切ではない。

　なお，国と自治体との関係はこの論題の趣旨から外れるので，あまり深入りすることは望ましくない。ただし，国の権限が都道府県に移譲され，玉突き的に都道府県の権限が市町村に移譲される，といった地方自治体の全体像についての説明ならばかまわないはずだ。

> **知識量をアピールするなら，公務員の時事常識をメインに**
> → **法律や制度の変遷にもしっかり言及せよ！**

　書き方　近年の地方分権改革は，「地域のことは地域住民が責任を持って決める」という考え方のもとに進められてきた。国と自治体との権限配分だけでなく，都道府県と市町村の事務配分も見直された。

　地方分権にあたっては，まず「基礎自治体優先の原則」が重要だ。併せて，1つの基礎自治体では十分に提供できない行政を広域自治体が担い，地方自治体では対処しにくい行政を国がフォローするといった「補完性の原理」を徹底するよう改善を図るべきだ。

　具体的には，再分配政策にかかわる住民サービス，たとえば社会福祉施設や保健衛生施設の監督・運営支援策などは基礎自治体が担うべきだろう。また，規制政策においても，まちづくりにかかわる土地利用規制といったものは基礎自治体に移譲されてしかるべきだ。なお，権限移譲にあたっては，引き続き市町村合併を促進するなど，基礎自治体の能力向上も図る必要がある。

　一方，広域自治体は公害対策のような広域の規制行政やインフラ整備などに特化すべきだろう。また，ドクターヘリの導入のように地域の連携によって効果的運用が可能になる高度な行政サービスも，広域自治体が担当すべきだ。

　上記のように，**論述で具体例を挙げるときは，政策類型などで分類するとよ**い。政策論のタームをうまく使えれば，出来栄えはますますよくなるはずだ。

第1章　論述・討論のまとめ方

41

自発的な意識改革に頼らない！

➡あくまで冷静に人間を見つめる

例題 家庭ごみを減らすにはどうしたよいか述べよ。　（宮崎県・集団討論）

注意点　ごみ収集にかかわる行政事務は市町村の担当だが，都道府県で出された集団討論の課題である。議論をするときには，家庭の役割，市町村の役割に加え，都道府県の役割にも言及することが望ましい。いや，**いかにも都道府県の行政官が考えそうなことを積極的に言っていかないと，討論で目立つことはできないだろう。**

　この論題には落とし穴がある。「家庭」という言葉があることから，つい「家庭で何をすべきか」に目が行ってしまうのだ。だが，頭のなかに「生ごみを捨てている母親の姿」なんかを思い浮かべてはいけない。りんごは皮ごと食べましょう，ごはんは残さず食べましょうなどと，話の内容が小学校の家庭科レベルに落ちていってしまう。

　広報活動の強化などでごみの減量に対する住民の意識の向上を図る，といった案も，おそらく出さないほうがよい。行政からのちょっとした呼びかけ程度で達成できるような課題なら，受験者に考えさせる必要もないはずだ。

　そもそも，**住民の自発的な意識改革でなんとか打開しようという案は，たいていダメである。**行政がイベントをやったら住民が「目覚めて」協力的になった，などといった話もないわけではない。だが，善意のみに期待した政策案は結果の予測や評価が甘くなりやすく，それだけで提唱者を子どもっぽく見せてしまう。

　政策はもちろん性悪説に立って考えるべきものではないが，かといって問題の一つも起きないような言い方は，やはり非現実的である。討論では，袋だたきに遭うか，スルーされてしまうはずだ。

> **住民の善意にのみ依拠した政策案は非現実的に見える**
> →　**冷静な政策案は住民や国民の「目覚め」に期待しない！**

考え方1　討論において提起される論点には，おそらく「ごみ袋の値上げ」が含まれるだろう。有料化はすでに多くの自治体に導入されていることから，次の課題として価格の引き上げを口にする人もいるに違いない。自発的協力に期待できないなら，利用者負担の名目で，制裁を強化しようという厳罰主義的な

提案である。

　冷静な政策立案能力をアピールしたいなら，**規制から逃れようとする人，すなわち「逸脱者」の存在を意識するべきだ**。たとえば，ごみ袋の価格を上げると，コンビニなどに家庭ごみを捨てに行く人も増えるだろう。一部には，「お金を払っているんだから，ごみなんかいくら出してもいいではないか」という開き直りが出てくるかもしれない。ごみ袋の価格さえ上げれば「それでOK」とはいかないのだ。

考え方2 住民の意識改革や市町村が実施するごみ袋の有料化のほかに，いかにも都道府県らしい政策案はないだろうか。

　結果として家庭ごみが減少すればよいわけだから，ごみになりそうなものを「再資源化しよう」と提案をするのも一案だろう。「循環型社会」を意識した議論を展開すれば，時代のニーズを踏まえた大きな視点で議論していることもアピールできるはずだ。

> **規制強化案については逸脱者の存在を意識する**
> → **厳罰主義も，善意への期待同様，人間の見方が甘い！**

語り方　「家庭ごみ」の減量は，家庭でのみ取り組むべき課題ではない。循環型社会の実現に向け，自治体としても支援策を講じるべきだ。その際，特に力を入れるべきは，「家庭ごみ」をごみにせず，再資源化することではないか。

　家庭向けの対策では，特に容器包装の減量を促す施策が重要だろう。分別収集の徹底，容器包装用のごみ袋の有料化のほか，ごみになりうる容器が家庭に持ち込まれないよう，小売店などへの規制を検討すべきだ。

　市町村によっては，生ごみを堆肥等に変えるコンポストに補助金を出している。行政からの支援を通じて，ごみの減量とともにリサイクル意識を高めよう，という施策だ。今後，こうした施策は充実させていくべきだろう。

　都道府県としては，生ごみを「バイオマス」として利用するシステムを開発すべきではないか。コストにもよるだろうが，大型スーパーなどに野菜くず等を回収できる設備を設置することなどを検討してみてはどうだろうか。

　こうした討論では，自分の経験談だけでリサイクル意識の高さを自慢する人が出てくるかもしれない。そうしたときは，行政として今後どういう政策を講じる必要があると思うか，問いただしてみるとよい。面倒ならば笑い飛ばしてもよいが…。

慎重な姿勢を示す！

➡積極的な意見がよいとは限らない

例題 外国人就労者の受入れ拡大の是非について。　　　（茨城県・集団討論）

注意点　都道府県の集団討論の論題だが，その内容は「国の姿」にもかかわる重大問題である。話の中心は，国として「どういう方針で臨むべきか」になるだろうが，都道府県の試験である以上，一言くらいは自治体で対応すべき課題にも触れておきたいところだ。

　「是非」とあるから，「是」と「非」の両方を意識して発言する必要がある。テレビの政治討論番組のように，「是」か「非」かの立場をはっきりさせて激論を戦わせることも不可能ではないが，双方にそれなりの言い分があるから討論の論題に選ばれたのだ。簡単に賛否が決まるような話ではない，と自分に言い聞かせてから話し始めるのが，適切な態度だろう。

　したがって，討論が始まってすぐ，「私は賛成ですが，みなさんはどうですか？」とか，「賛成の方はどなたですか？」といった，**あたかも色分けを試みるような司会役的発言をするのはやめたほうがよい**。賛否を分けてしまうと，人は自分の立場にこだわり，あるいは勝ちに行こうとして，熱い論争を始めてしまう。結果的に，課題にどう対処すべきかを冷静に話し合う雰囲気は，すっかり消し飛んでしまう。当然，そんな討論にしてしまった責任は，色分けを求めた発言者が負うことになる。

　また，**公務員の重要な仕事の1つに「トラブルの予見」がある**。だから，予期しない問題が生じることも念頭に，まずは慎重に振る舞うのが公務員のスタンスとなる。「失敗してもいいから，とりあえずやってみろ」的なイケイケの意見は公務員の文化では許容されにくい。賛成論を述べる場合には，あまり能天気にならないように注意すべきだ。

> 賛否や是非は，慌てて決めない，決めさせない
> →　　能天気な積極論はむしろ危険と思うべし！

考え方1　論題に「受入れ拡大」とある以上，すでに「受入れ」が行われていることは明らかである。それゆえ，もし「非」の立場に立つとすれば，現状認識を「十分」か「すでに多過ぎ」かのどちらかに設定し，「受入れ拡大不要論」あるいは「受入れ縮小論」のどちらかを主張するしかない。その場合，無難な

理由づけは，日本人の就労機会縮小のおそれがあることだ。日本の社会や文化が壊される危険性を指摘することも可能だが，これを主張しすぎると，グローバル化時代に逆行する排外主義的意見に見えてしまうかもしれない。

考え方２　「是」の立場に立つなら，「積極的推進論」をとるか，「不可避論」をとるかを決める必要が出てくる。問題がまったく生じない施策はほとんどありえないのだから，あまりに楽天的な積極論はほかの参加者からの「問題点指摘攻撃」を受けやすいはずだ。ここは試験だからと割り切って，「仕方ないではないか」という消極的肯定論で様子を見るほうが無難だろう。

> 立場を表明するときは，慎重な姿勢をキープしておく
> →　「状況から見て仕方ない」的な意見で逃げるテクも覚えたい！

語り方　少子高齢化の進行や人口減少を踏まえれば，外国人就労者の受入れによって生産年齢人口を維持する政策の推進は「不可避である」と言ってよい。

実際，日本では看護や介護の現場などで労働力不足が発生している。外国人就労者の受入れが進まなければ，国民の健康維持にも支障が起きかねないのが日本の現状なのだ。そのため，フィリピン，インドネシア，ベトナムとの二国間EPA（経済連携協定）で，日本は看護師・介護士の労働市場へのアクセスを認めた。労働力不足への現実的対応策としては，「仕方ないことだ」と言うしかない。

日本人の失業者が存在しているなか，単純労働まで含めた労働市場の全面開放は望ましい政策とは言えない。だが，研修生の名目で，そうした労働者はすでに日本国内で多く就業している。2019年に新しい在留資格（特定技能１号・２号，p.18参照）ができたが，さらに専門職・技能職の範囲を広げ，外国人就労者の受入れを「もう少し拡大してもよい」のではないか。

もちろんこれには「課題も伴う」。日本人就労者が職を奪われないよう，受入れ人数や受入れ期間に規制をかけることも必要だろう。不法就労に対する監視も強化しなければならないだろう。

自治体としても，外国人就労者が地域社会にうまく溶け込めるよう，支援策を検討すべきだ。外国人就労者が多く居住する地域では，これまでも日本人住民との間でごみ出しや騒音などをめぐるトラブルが発生してきた。学校教育の現場にまで文化摩擦が持ち込まれたケースもあった。外国人就労者に日本社会のルールについて理解を促すだけでなく，同一コミュニティの住人として相互理解が深まるよう，啓発活動にも力を入れるべきだろう…。

とにかく無難に，の例だ。カギカッコをつけたフレーズだけを続けて読んでみればよくわかるだろう。

第1章　論述・討論のまとめ方

アイデアは未来を見据えて！

➡説得力にはビジョンが必要

例題 撤退した大規模商業施設（デパート等）の跡地利用について述べよ。

（新潟県・集団討論）

注意点 地方上級の集団討論の課題である。「デパート跡地」の有効活用について新鮮なアイデアを出すことが求められている。**まちづくりにかかわる論題である以上，当然，地域再活性化を踏まえた提案をしなければならないだろう。**

この論題では「デパートの撤退」が前提となっている。まず，その背景について考えてみることが必要だ。想定されるデパート撤退の理由は２つだろう。１つは，大型ショッピング・センターの相次ぐ開業で，デパートという業態の小売店の魅力がなくなり，経営が行き詰まった可能性。もう１つは，デパートがあった駅周辺あるいは中心市街地が，すっかりさびれてしまったという可能性だ。前者なら，跡地の周囲にはまだ「にぎわい」があると想定してよい。後者なら，「にぎわい」を取り戻すアイデアも出す必要が出てくる。

いずれにしても，**こういう想定はきちんとしておいたほうが賢く見える。**じつは，論題に「行政がかかわる必要性」が示唆されているのだから，後者だけを想定してもかまわない。もし前者のケースならば，家電や低価格衣料の量販店がとっくに入居しているはずだ。

また，**最初のほうの発言では，実現可能性のあるアイデアを出し合うよう呼びかけたほうがよい。**論題に「跡地利用」とは書いてあるからといって，「じゃぁ，さっさと建物を壊してスカイツリーを建てましょう！」みたいな話が次々出るようでは，討論に参加している自分の評価まで下がってしまう。非現実的な意見を言う人がいると気づいたら，「建て直す提案より，建物を活用するアイデアをまず考えよう」などと言って，討論の方向を修正するべきだ。

想定するケースを絞り込み，議論を方向づける
→　**前提条件を整理しながらの発言は評価が高い！**

考え方1 行政としてのアイデアなのだから，跡地に公的機関を入れる，という案も十分に検討に値する。役所の分室を置き，住民が各種の届け出書類を出しやすくする。図書館を移して本を借りやすくする，といったアイデアだ。

だが，この種の提案の場合，**地域再活性化の起爆剤になるのか，といった批判を受けることを覚悟しなければならない。**住民の利便性は高まるかもしれないが，果たして地域経済の発展に寄与するのか，あるいは他地域から人を呼び寄せる効果があるのか，などと質問攻めに遭ってしまうのだ。

そういう場合，跡地利用が**「官民協働」**でなされるようなアイデアを出すとよい。かりに図書館移転の話をするなら，せめてコーヒー店の誘致くらいは語るべきだろう。

考え方2　デパートは，駅の近くや街の中心など，もともと利便性の高いところに立地している。マイカー利用者にとっては不便もあるだろうが，公共交通機関はそれなりに整備されているはずだ。だとすれば，通勤・通学者，高齢者，遠隔地からの来客などを念頭に，現実的な案を考えていくのがよい。

もちろん，いくら現実的なのがよいからといって，将来ビジョンがまったくない話もつまらない。**10年後，20年度の地域の姿を思い浮かべながら，将来ビジョンのあるアイデアを示すように心がけるとよいだろう。**

> 将来ビジョンを持った人材であることをアピールする
> →　いくら現実的でも，将来ビジョンがない話はつまらない！

語り方　駅近くであるとするならば，通勤する女性労働者をターゲットに育児関連施設（保育所，小児病院，子ども用品の販売店等）を誘致するのがよいのではないか。子育てにやさしい地域との評判が広まれば，若い世代の定着ならびに流入につながることも期待できる。

文化面では，小規模ではあっても個性的な美術館・博物館の建設や，大学のような教育機関の誘致を検討してもよい。ともに，他地域から人を呼び寄せることができ，また住民の自己研鑽にも寄与できる。

そのほか，産業育成につながるような跡地利用案を考えることもできる。たとえば，ソフトウェア産業なら，デパート程度のビルでもベンチャー企業の「工業団地」になりうる。10年後には，ソフトウェア産業の街として全国に知られることを目指してもよいではないか。

ここでは，サンプルとして，厚労省的，文科省的，経産省的な3つのアイデアを並べてみた。**討論で発言する際には，省庁名や役所の部局名を頭に描きながら，ほかの人とは違うアイデアを出すようにするのも，1つの方法だ。**

試験官をうならせる提案はほかにもあるはずだ。いろいろ考えてみよう。

第1章　論述・討論のまとめ方

追い風を感じたら大胆な提言を試みる！

➡ただし，あらゆる事態を想定することを忘れずに

例題 次で求められている小論文を作成しなさい。ただし，資料は小論文作成に当たっての参考程度とし，資料に書かれている政策にとらわれず自分の考えに基づいて政策を提案しなさい。

（国家総合職・教養区分，企画提案試験類題）

問1 女性が活躍できる環境整備を推進する観点から具体的な政策を提示し，組織内の関係者に説明できるような文章を作成しなさい。

問2 提案した政策を推進するうえでの問題と，それを解消または軽減するための対策について述べなさい。

基本情報

　日本の社会を覆う閉塞感や経済の停滞の最大の要因の1つは，人材の持つポテンシャルが十分に発揮されていないことにある。特に，これまで生かしきれていなかったわが国最大の潜在力である「女性の力」を最大限発揮できるようにすることは，少子高齢化で労働力人口の減少が懸念されるなかで，新成長分野を支えていく人材を確保していくためにも不可欠である。

添付資料

　①全就業者に占める女性の割合は45％である。管理的職業における女性の割合は近年上昇傾向にあるが，欧米諸国のほか，シンガポール，フィリピンといったアジア諸国と比べても，まだ低い水準にとどまっている。

　②女性の年齢階級別労働力率を見ると，30歳代に落ち込みが見られる，いわゆる「M字カーブ」を描いていたが，台形に近づきつつある。

　③非労働力人口の女性のうち，161万人が就労を希望している。現在求職していない理由としては「適当な仕事がありそうにない」が最も多く，約3割を占めている。これに次ぐのが「出産・育児のため」となっている。

　④非正規雇用者の割合は，女性では約53％となっている。女性の非正規雇用者が非正規雇用についた理由で最も多いのは「自分の都合のよい時間に働きたいから」であり，次いで「家計の補助・学費等を得たいから」となっている。一方，「正規の職員・従業員の仕事がないから」は理由の上位にはなく，非正規雇用を柔軟な働き方であると考えて選択している女性が多いと考えられる。

どう考え，どう論じるべき？

　課題は「具体的な政策の提示」を求めている。日本における男尊女卑や男性中心社会の実情について，「けしからん」と糾弾するような論文は書いても意味がないということを示唆している。

　また，設問には「自分の考えに基づいて政策を提案しなさい」とあるものの，課題には「組織内の関係者に説明できるような文章を」という言葉がある。主観的・印象論的な論考ではなく，資料にあるデータを用いなくてはならないことが読み取れる。

　もちろん「環境整備」というのは，女子用お弁当ルームを設けたり，オフィスに空気清浄機を置いたりするような話ではない。本書で取り上げる**「規制」，「行政指導」，「補助金」などを使って，問題があると思われる現状に変更を加えようとする行政行為が「環境整備」である。**論文では，政策手段に関するタームを適切に使うよう心がけるようにしよう。

❶まずは現状を分析しながら，場合分けをする

　添付資料を見る限り，「女性の力」の発揮にとって解決すべき課題は，①管理的職業における女性の増大，②就労を希望する女性の就職機会の拡大，③非正規雇用者の多さの3点である。このうち，①と②について，資料は状況打開の必要性を示唆しているが，③については女性の側の理解が得られていることや前向きに評価していることを示している。したがって，①と②については，政府の積極的関与により強制力をもって早急に対処する提案をすべきだ。一方，③については，新制度の提案などにより，徐々に現状を変更していく提案をするとよいだろう。

　また，添付資料に加え，公務員試験の受験者にとっての時事常識にも言及しながら，現状の問題点を指摘すべきである。

❷打開すべき現状には積極的提言を

　①の女性管理職の増加策については，**政府が人事行政でポジティブ・アクション（積極的改善措置）を採用していること，**具体的には国家公務員の総合職採用者に占める女性の割合を引き上げる方針を示していることに触れておきたい。

　一方，企業も，女性活躍推進法により，女性採用比率や女性管理職比率の向上に向けた行動計画を策定することとなった。しかも，一定規模以上の企業に対してはこれを義務化した。なかなか状況が改善されない以上，より積極的に民間企業に働きかけるのは当然のことだと評価しよう。

今後，この制度をしっかり定着させるため，違反した企業の企業名を公表するなど，厳しい措置を採るなどと提案してもよい。また，女性の活躍を積極的に図る企業を表彰・公表する制度のさらなる活用もインセンティブを高める観点から有効だろう。

　②の女性の就職機会の拡大策では，これに積極的な企業に助成金を支給するといった政策を提案してもよい。ハローワークや大学等に掲示される求人情報には，必ず女性の雇用状況についての記述を求める，といった**就活生らしい発想も評価されるにちがいない**。女性の雇用者数や待遇が悪い企業は新卒採用の際のイメージが悪くなる。だから，きっと女性従業員を増やすはずだ，などと論じるのだ。

　もちろん，子育て支援策について触れてもよい。だが，「自分の考えに基づいて」という設問の言葉を前向きに解釈して，学生らしい発想での発言を加えておくことも大切だ。時事常識に基づく定番の意見だけでは物足りないし，目立たない。

　③の非正規雇用については，女性がそれを望んでいるとの添付資料のデータに言及しつつ，それでも女性の活躍には現状の打開が必要だ，と述べるのが既定路線である。データでは女性が非正規雇用を前向きに受け入れているように見えるが，それは正社員の仕事が大変だからであり，**新たな選択肢があればそれを選ぶ可能性が高いという論じ方だ**。

　すでに政府は，転勤，残業，職種の変更などがなく，いい換えれば仕事内容や勤務地などを契約で限定する新たなタイプの正社員＝「限定正社員（ジョブ型正社員」を普及させようとしている。子育てなどと両立しやすい点は非正規雇用と同様だが，正社員としての自覚を持つことで，仕事のスキルアップなどにより前向きになることが期待されている。

　また，非正規雇用を選択する理由には，配偶者控除など税制面での優遇を受けるため，というものもあるだろう。専業主婦を優遇しすぎると就業意欲が削がれるとして，大胆に配偶者控除廃止論を提言してみてもよい。

　そのほか，新たな雇用形態を普及させるとの観点から，ネットを利用したテレワークの普及促進や，ワークシェアリングのためのガイドラインの作成などを提言してもよい。財政支援にはなじまないので啓発活動の提案が中心になるだろうが，いろいろ盛り込むだけで視野の広さはアピールできる。

> 積極策を容認する課題では，大胆な政策で目立つことも必要
> →　いかにも学生らしい議論も試す価値はある！

どう考え，どう論じるべき？

問2 政策推進上の問題と対策

　問1で提言した政策について，想定される課題と対策を書くことが求められている。そもそも問題の多い政策案を提示するわけはないのだから，問1と問2の文章量には違いが出てきて当然だ。問2についての論考は，問1で行った提案への「補足」という位置づけになっていなければならない。

　考えるべきは，①新政策に反対する人たちの存在と，②新政策の効果が発揮されないケースである。

❶新政策への反発には，「上から目線」の印象を弱めて対応

　上記の提言のうち，最も反発がありそうなのは民間企業に対するクオータ制の導入義務化である。自由であるべき経済社会活動に対して国家が規制をかけすぎるという反発だ。

　だが，新しい認識の形成には，やや無理をしても既成事実をつくり出すことが必要になる。これがクオータ制などポジティブ・アクションを正当化するときの基本的考え方だ。現状を変えるために国家権力を行使するわけだが，もちろん**あからさまに「上から」の雰囲気が漂ってしまう文章はまずい**。

　論述では，一般論としてポジティブ・アクションには反発が想定されることを指摘する。そのうえで，自分の提案では，クオータの率が容易に遵守できるレベルであることや，反発が強ければ「義務」ではなく「努力義務」に変えてもよいことなどを述べる。緩やかに促している感じを前面に出すのだ。

❷政策の有効性への疑念には，文化や心理への洞察でこたえる

　企業に報告書の公表を求めたり，前向きな企業を表彰したりといった政策には，「効果が確実でない」という課題が伴う。インセンティブやイベントを使った政策には，こうした疑念が突き付けられるのが一般的だ。

　これに対しては，**日本文化と人間心理を念頭に有効性を再度主張しよう**。助成金支給のような経済合理的な手法とともに，たとえば「自社だけやっていないのはまずい」という日本人的な恥の意識に訴えかけることの有効性を指摘し，「物心両面から意識改革を図る」などといおう。実際，行政上の課題解決には地域文化や人間心理を読む力量が必要だから，能力のアピールにも役立つ。

> **政策推進上の課題では，反対論と無効果の2点をフォロー**
> → **反発に対しては，強制力を弱める印象を加える！**
> **有効性への疑念には，文化と心理を読んで対応！**

制度改革はネットワーク重視で！

➡多様な担い手の存在を指摘

例題 自分が日本の消費者保護制度の設計を担う立場にあると想定して，以下の問いに答えなさい。　　　　　　　　（国家総合職，「公共政策」類題）

問1 消費者保護を自治事務から，旅券交付等と同様の第一号法定受託事務に変更すると仮定して，国の政策意図を実現し，消費者行政の一元化を図るために，どのような施策や手法が考えられるか。

問2 都道府県主導で消費者行政のさらなる充実を図るには，どのような施策や手法が考えられるか。自治体内部における関係各機関の協調だけでなく，地方公共団体どうしの連携なども考慮に入れながら，具体的な提案をしなさい。

基本情報

　消費者行政については，権限，組織，情報，関連施策の調整等に関して，一体性や一元化の促進が課題として指摘されてきた。2009年，内閣府に消費者庁と消費者委員会が設置されたのも，こうした一元化の実現に向けた改革の1つである。それ以前は，担当省庁ごとに関連情報が収集され，個別法の規定に従って消費者保護措置と行政施策がなされてきた。国における一体化の方向性は示されたものの，国と地方の関係についてはまだ一体化をめぐる課題が残されている。

添付資料

　①消費者庁は可能な限り関連情報収集・処理，関連法規の立案と実施，関連行政施策等の一元化を，また内閣府に設置された第三者機関である消費者委員会は重要事項に関する建議・勧告，そして資料提供要請等を図っている。

　②消費者保護は自治事務と位置づけられている。消費者行政担当部署は，都道府県では係クラスが大半であり，市町村では専管部署は少ない。

　③地方公共団体の関連機関として「消費生活センター」がある。消費者安全法に基づき都道府県にはその設置と広域的な相談対応が義務づけられ，個別法で執行事務が規定されている。他方，市町村には，その設置と身近な相談対応への努力義務が課せられた。

　④全国約1700の市町村で「消費生活センター」を設置しているのは3分の2程度である。市町村の人口規模が小さくなるほど，このセンターの設置率が低くなっている。

どう考え，どう論じるべき？

問1　消費者保護を法定受託事務にしたときの消費者行政一元化の施策や手法

　問1，問2とある場合，前者が後者を議論するための「たたき台」となっていることがある。この問題においても，勝負は問2における「具体的提案」である。問1については「どのような施策や手法が考えられるか」で終わっており，具体的提案をするようには促されていない。ようするに検討するだけでよいのである。

　そもそも「地域主権」が叫ばれている時代に，**すでに自治事務であるものを法定受託事務にしようというのは時代錯誤もはなはだしい**。地方分権一括法には，法定受託事務はもう新たに設けないようにしようと書かれている。つまり，この問1はあくまでも否定を前提とした検討なのだ。

❶集権化の必要性は自治体の能力不足で

　消費者行政は国民の安全・安心に直結した行政分野である。消費者庁の設置によって国における縦割り行政の弊害が除去された今，次にとるべきは地域ごとにばらつきがある消費者行政の一元化だろう。

　現状では，市町村における「消費生活センター」の設置は努力義務である。そして実際の設置状況ならびに人員配置を見る限り，多くの市町村は消費者行政に十分な行政資源を投じることができずにいる。こうした場合，一定の消費者行政の水準を確保するため，国による関与があってもよいだろう。

❷集権化の正当化は「国民の安全・安心」で

　そもそも消費者行政に関するトラブルは，一部地域の問題というよりも，むしろすぐに全国化しやすい問題ととらえるべきである。それゆえ，消費者行政については，「国民の安全・安心」を最優先に，国の政策意図が適切に実現できるような制度の設計と運用を考える必要がある。

　手法としては，すでに都道府県が設置している「消費生活センター」を消費者庁の出先機関とすることが考えられる（ただし，国の出先機関は原則廃止とされているため現実的ではない）。この場合，市町村に設置されている「消費生活センター」についても，整理統合のうえ，都道府県に置かれる機関の下部機関に位置づけるべきだ。そのためには人員の拡充等も必要だろう。

> **論述全体の結論がどうなるかをまず見極める**
> **→　後に否定する考察については実現可能性を考えよう！**

❶分権化の正当化は「こまやかな行政」で

　消費者行政については全国レベルでの規制と情報共有が不可欠であるが，だからといって行政の実施主体が国である必要はない。定型的な事務処理である旅券交付等と異なり，消費者行政は「違法性のある個別事案への対応」を含んでいる。防止策や啓蒙活動も含め，地域住民のニーズを意識した「こまやかな行政」が求められる分野である。

　すでに，そうした観点から「消費生活センター」の設置が都道府県に義務づけられており，市町村についても努力義務とされている。都道府県を中心として消費者行政の充実が図られることは，現行法の規定から見ても自然なことと言ってよい。

❷行政の充実はまず組織の充実から

　都道府県主導で消費者行政の充実を図る場合，**まず考えるべきは体制の強化である**。名称は自治体によって異なるものの，消費者行政を担当する行政機関は，都道府県ごとに2つずつあると考えられる。消費者からの相談を受付対応する専門機関としての「消費生活センター」と，内部部局として設置されている消費者行政担当部署である。

　このうち，自治体の関連機関である「消費生活センター」については，相談員の拡充や啓蒙活動費の増額など，既存の制度を前提とした充実策を考えればよいだろう。常勤の相談員に加え，相談件数が急増するような事件の発生に備えて，非常勤の相談員の養成などを日頃から進めておくべきだ。

　また，「消費生活センター」の運営においては，消費者団体や消費者保護を掲げるNPO法人等との連携が大切だろう。「新しい公共」の担い手である彼らは，しばしば行政の目の届きにくいところにも目を配ってくれる。人員が必要な活動にもボランティアで協力してくれる。こうした団体とのネットワークづくりは軽視すべきではない。

　一方，都道府県の消費者行政担当部署については，国における消費者庁と同じ考え方で，各部署に分掌されている関連施策を統合的に推進できるように，組織を見直すべきだ。具体的には，農政の担当部署が対応していた食品偽装に関する情報収集や規制行政などは，消費者行政担当部署に移したらよいのではないか。あるいは，経済の担当部署が対応していた訪問販売における悪質商法事案に関する情報収集や規制行政なども，消費者行政担当部署に移行可能なのではないか。

　こうした人員と権限の増加を踏まえれば，消費者行政担当部署は現状のような「係クラス」では不十分なはずだ。「消費者安全課」や「消費生活課」のような名称をつけて「課クラス」以上に格上げし，部局間調整における発言権の強化を図るべきだろう。

　なお，消費者行政担当部署は，**自治体内部の各部署との連携強化を積極的に進めるべきだ**。未成年者を対象とした悪質商法や不正請求などの事案については教育委員会とともに，また高齢者をターゲットとした悪質商法については社会福祉の担当部署とともに，予防策等を検討する必要がある。その意味で消費者行政担当部署は，消費者被害の未然防止に向けて，自治体内部における関連施策の司令塔になるべきだ。

　さらに，国における消費者委員会を模して，都道府県の消費者行政に対する諮問機関として「消費者審議会」のような機関を設置することも検討されてしかるべきである。国の消費者委員会には勧告権等の権限があるが，この審議会は提言が中心的役割となるだろう。地域の消費者団体や教育関係者などに委員への就任を依頼すればよいのではないか。

❸自治体間の調整は「補完性」重視で

　消費者行政については**都道府県と市町村の連携強化も不可欠である**。消費者が被害に遭うケースでは，業者への指導等は都道府県あるいは国が行うとしても，被害者からの相談受付などは，できるだけ身近な自治体で実施できるほうがよいと考えられるからだ。

　だが，「消費生活センター」の設置・運営をすべての市町村に求めるのは，行政資源の観点から難しいに違いない。人口の少ない小規模自治体については，広域連合などをつくったうえで，都道府県の支援のもと，相談業務だけを実施する「消費生活センター」の設置・運営を図るのが適切なのではないか。

　もちろん，市町村レベルで対応できない事案については，いわゆる「補完性の原理」を踏まえて，都道府県が担当すべきである。さらに法的規制の立案・実施が必要な事案については，消費者庁による対応を求めるべきだ。

　消費者行政は，国と地方の連携，都道府県と市町村の連携，複数の内部部局の協力，官民協力，市民参加など，ネットワークを重視しながら進めるべき行政分野である。都道府県が主導する場合にも，この点への配慮を欠かさないようにしたい。

制度の充実ではネットワーク重視を掲げる

→　基礎自治体の役割を重視し，補完性の原理を尊重しよう！
　　NPO法人など「新しい公共」の担い手への言及も忘れずに！

第1章　論述・討論のまとめ方

PART Ⅰ 「議論のコツ」一覧

1．政府の役割を意識する！ …………………………………… p.28
☐社会問題は人間関係だけで語るものではない
☐課題はつねに政府の必要性に結びつけて考える

2．政策論だと気づく！ ………………………………………… p.30
☐論題に政策用語がないか，しっかり確認する
☐国家的課題を意識しながら，論題を見直してみる

3．問題文中にヒントを見つける！ …………………………… p.32
☐課題文は長いほど，議論のヒントが示されている
☐制度改革の議論では，是認論の趣旨を踏まえて議論する

4．現状をきちんと整理する！ ………………………………… p.34
☐情勢を語るべき論述では，まず分析能力の高さを示す
☐頭に浮かんだ対策は，きちんと整理してから提案する

5．統計を意識する！ …………………………………………… p.36
☐問題文になくても，要因分析では統計を想像してみる
☐社会問題では，つねに少子高齢化を意識する

6．多様な視点を提示する！ …………………………………… p.38
☐提案するときは，公共利益と財政負担を意識する
☐企画案ではほかの行政分野にも配慮し，視野の広さをアピール

7．なにごともバランスよく！ ………………………………… p.40
☐原則と実例のバランスを考え，戦略的に構成を練る
☐知識量をアピールするなら，公務員の時事常識をメインに

8．自発的な意識改革に頼らない！ …………………………… p.42
☐住民の善意にのみ依拠した政策案は非現実的に見える
☐規制強化案については逸脱者の存在を意識する

9．慎重な姿勢を示す！ ………………………………………… p.44
☐賛否や是非は，慌てて決めない，決めさせない
☐立場を表明するときは，慎重な姿勢をキープしておく

10．アイデアは未来を見据えて！ ……………………………… p.46
☐想定するケースを絞り込み，議論を方向づける
☐将来ビジョンを持った人材であることをアピールする

11．追い風を感じたら大胆な提言を試みる！ ………………… p.48
☐積極策を容認する課題では，大胆な政策で目立つことも必要
☐政策推進上の課題では，反対論と無効果の２点をフォロー

12．制度改革はネットワーク重視で！ ………………………… p.52
☐論述全体の結論がどうなるかをまず見極める
☐制度の充実ではネットワーク重視を掲げる

PART II

政策論の初歩

↓

第2章
勘違いからの脱出

この章では,
論述や討論で政策を議論するときの
「やってはいけない勘違い」を確認。
読み進めながら政策論の特徴が理解できたら,
この章はクリア!

対　策

問題状況に対応するための計画や方法

▶▶ 政策論は感想文・体験談ではない！

　企業への就職活動では，その企業や商品に対する「自分の思い入れ」をアピールすることは大切だ。サービス業の面接であれば，自分が子どもの頃に受けた親切な応対への感動を話すことも有効かもしれない。

　しかし，その類推で，公務員の論述や面接でも感動的な話や自分のエピソードを出せばよいかというと，そうとは限らない。もちろん一般作文で「理想の公務員像」について書くときには，それもよいだろう。だが，政策にからむテーマについて意見を求められている場合，それではまずい。

　風力発電の普及について議論すべきときに，「風車が並んでいる光景って，きれいじゃないですか」といった感想を述べる。あるいは，放置自転車問題について意見を聞かれたときに，「自転車を置く場所がなくて困っている子どもを見た話」をする。こうした感想や体験談は，たとえ議論のきっかけに使うだけだとしても，政策論では避けたほうがよい。

　理由は簡単だ。**「自分」が出過ぎているのである。**

　政策についての論述も討論も，自己アピールのチャンスではある。だが，それは自分の分析能力や判断力を示すための機会であって，「やさしさ」や「感性の豊かさ」を自慢する場ではない。性格のよさを出すのではなく，頭のよさを表すべき場面なのだ。

　政策論で重んじられるのは「客観」である。 体験からしか話を始められない人や，住民に対する「共感」こそがすべての問題の解決の原動力だと思い込んでいるような人は，話が主観的になっている。

　わがままだからそうなるのではない。**議論に必要な冷静さや判断力がないから，自分の経験や感情をもとにした意見しか言えないのだ。** しかも，それを政策論だと思い込んで疑わない。大いなる勘違いである。

施策

　公務員試験ではよく「施策」というタームが使われる。「政策」は行政では大きな概念で，しかも政治家が掲げる理想的・非現実的なものも含まれるためか，行政では「実施する対策」という意味合いで「施策」を使うことが多い。ちなみに，本来の読み方は「しさく」であるが，「せさく」と読む人も少なくない。

▶▶ 論じるべきは「対策」！

　政策論の出題では，困った状況や考えるべき将来の課題が提示される。求められているのは，そうした問題を解決するための計画や方法，すなわち「対策」である。

　政策論の論述や討論では，自分の意気込みや困っている人への共感などはあえて押さえて，冷静な分析とそれに基づく「対策」をとにかく語ろう。手始めに**「対策」というタームだけでも使ってみるようにしよう。**

　たとえば「対策としては～」や「～といった対策が～」といった言い方は，政策を論じるときの基本中の基本である。つける動詞は「ある」でもよいが，どこか政策論に慣れている感じがしない。対策は通常は複数あるので，そのうちの一つをピックアップして指摘しているぞ，というニュアンスが出る「挙げられる」をぜひ使ってみよう。政策討論なら，「対策としては～が挙げられると思います」とか「対策としては，まず～を挙げるべきでしょう」などと言うのだ。

　自分が提唱する対策の価値を強調したければ，普通は「必要」や「重要」を使う。「この問題の解決に必要な対策には」や「～といった対策が重要」といった言い方である。だが，効果についての評価を含む「有効」や「効果的」を使うと，もっと政策論らしくなる。「この場合，有効な対策としては」とか「～といった対策が効果的なのではないか」というような言い方だ。

　慣れてきたら，「対策」の「策」だけを問題解決の方向性を表す言葉につけて使ってみよう。「活性化策」，「打開策」，「是正策」，「普及策」など，「策」はいろいろな言葉につけることが可能だ。

　そして，ここまでタームを使いこなせるようになったら，動詞も「講じる」に変えてみよう。「○○策を講じる必要性」を語れるようになれば，論述も討論もいかにも政策論ぽくなる。

第2章　勘違いからの脱出

✎ 問題演習

　「○○市の魅力を高めるためには」という題の論文を書くことになった。
　住民向けの行政サービスの充実や市外からの観光客の誘致といった「人」を意識した対策はすぐに思い浮かぶだろう。では，それ以外に，どのような対策が考えられるだろうか？
　できるだけ「～策を講じる必要性がある」といった言い方で答えてみよう。なお，2文字の漢字熟語にとらわれないように。

解答は68ページ ▶

現　実

実際に現れている事柄・状態

▶ 現実認識の広さを示せ！

人はみな「現実の世界」に生きている。だが，そうはいっても，それぞれの人が認識している「現実」は異なる。自分の人間関係と今日の出来事だけにしか関心を向けない人もいれば，アフリカの子どもたちが今日もたくさん餓死していることに心を痛めている人もいる。どちらも「現実」が気になっているのだが，その対象範囲はかなり違う。

公務員になろうとするなら，**「自分と周囲の出来事」を超えた現実にも目を向けなければならない。**受験する試験を念頭に，日本や自治体がどういう状況に置かれているか，日頃から関心を持って知識を蓄えておくべきだ。

公務員試験で「時事」の勉強が大切なのは，なにも択一式試験で時事が問われるからだけではない。時事常識は，論述や討論で政策を論じるときにも，受験者が自分の「現実認識の広さ」をアピールするうえで重要なのである。時事を知らないと，「視野が狭すぎる」と評価されかねないのだ。

政策論には各自の「現実認識」のレベルの高さが反映する。だから，「現実認識が甘い」，「この国（この自治体）の現実がわかっていない」などと言われたくなければ，議論すべき政策に関する「現実」について，きちんと理解していることを言葉で示すべきだろう。

手始めに，論述や討論で，「〜という現実」というタームの後に，「がある」，「にも目を向けるべきだ」，「も無視できない」などをつけて使ってみよう。それだけでも，現実をしっかり把握していることをアピールできる。

▶ 政策論では夢を語らない！

現状認識に基づいて対策を語るのが政策論である。ゆえに，将来の話だからといって**「夢のような話」をしたのでは「非現実的だ」と批判されてしまう。**政策にからめて「私の夢」を語るなど，もってのほかだ。

もちろん「夢が現実になる」こともある以上，「夢のような話」がすべて間違っているというわけではない。実際，「原子力発電は危険で，火力発電は地球温暖化をもたらすから，早急にすべて風力発電に切り替えるべきだ」といった意見があったとしてもかまわないだろう。これが「現実的」かどうかは，技

術革新のスピードにもよるからだ。

とはいえ，政策論では「今どうすべきか」を中心に議論が進んでいく。数十年後のことを考えつつも，今「現実」にどう働きかけていくかを話し合わなければ，政策論とは言えないのだ。集団討論では，輝く未来を夢見るような意見をうっかり言うと，「現実的には無理じゃないでしょうか」，「もう少し現実的に考える必要があると思うのですが～」などと，ほかの参加者から軽く却下されてしまうだろう。語るべきは「現実」だ。

現状

「現実」と「現状」は似ている。政策論では，多くの場合，どちらを使っても問題はない。ただし，細かいことを言えば，「現実」の「現」が「現れていること」を意味するのに対し，「現状」の「現」は「現在」の「現」である。ようするに「現状」は「今の様子」なのだ。だから，現場に派遣された職員には，「現状を報告せよ」などといった指令が出されるのだ。

ちなみに，政策論では「今」の代わりに「現状では」を使う人もいる。「現状では，これしか打つ手はない」といった使い方をする。

第2章　勘違いからの脱出

言うまでもなく，「現実」の反対語は「理想」である。では，政策論で「理想」というタームを使ってはいけないのかというと，そんなことはない。**自分勝手に思い描く「夢のような話」と，「現実」を意識しながら「理想」に言及するのとは違う。**

たしかに理想ばかり追っても現実は変えられない。だが，かといって理想を追求しないでいると，現実妥協的な発想しか出てこない。両者は反対概念だが，補完し合う関係にもある。だから，議論上手は「理想的にはこうあるべきなのでしょうが，現実を考えると～」などと，2つのタームをうまく使って，自分がバランスよく考える人間であることをアピールしてくる。

ちなみに，「理想」はたんに「ベスト」の意味で使われることもある。合理的にはAという政策を取るべきだが，利害関係者や議員の反対の強さを考えるとBしかない，というときなどに，「本来ならA案が理想ですが～」といった言い方をするのだ。こうした場合なら，「理想」を力説しても「夢を見過ぎ」といった印象は持たれない。

問題演習

リアリスト（現実主義者）とアイデアリスト（理想主義者）の発想は異なる。安全保障政策についてリアリストが重視しやすい「現実認識」には，どのようなものがあるだろうか？

解答は68ページ

具　体

知覚可能な形や内容があること

▶▶「なんとかしてあげたい」は禁句！

　論述や討論で「現実認識」を的確に表現できたとしよう。ところが，それに続く議論が，「この現実はなんとかしなければなりません」といったような漠然としたものだったらどうだろう。「具体的にどうすればいいの？」といった厳しいツッコミがすぐに返ってくるはずだ。

　抽象的な価値に触れてはいけない，ということではない。「公平」や「自由」といった，だれが見ても抽象的概念とわかるタームなら使っても問題ないし，むしろ必要なときには正しく使えなければならない。

　具体性の欠如とみなされるのは，「とにかく何かしましょう」といった「曖昧表現」である。こうした言い方をすると，「きっと具体策はないのだろう」と思われてしまうのだ。

　ところが，「曖昧表現」を使う人は，意外なことに，それが不適切であることに気づいていない。「なんとかしてあげたい」と力強く言えば，自分が前向きであり，他者にやさしく，公務員に求められる奉仕の精神に満ちあふれていることをアピールできると思っている。勘違いもはなはだしい。

▶▶「具体」は「事例」ではない！

　「もっと具体的に話をしてください」などと言われると，慌てて具体例を挙げようとする人がいる。これも勘違いだ。**「具体化」と「具体例」は違う。**

　「知り合いにこういう人がいました」などと，個人についての具体例を挙げてしまうと，それだけで政策論ぽくなくなってしまう。個人の問題や個々の事情にどう対処するかは，行政の遂行段階では大切かもしれない。だが，政策の立案においては，「個」よりも「全体」に目を向ける必要があるのだ。

　個別事例を持ち出すことは，議論を「具体化」させたというよりも，一部の人だけを念頭に議論を「特定化」したように見えてしまう。採点者によっては，議論の幅を狭めた，と受け取る人もいるはずだ。いずれにしても，「具体的な人の例を持ち出せば，具体的に政策を語ったことになる」などとは思わないほうが無難だろう。

　「具体＝人」でないとすると，「具体化」とは何を語ることなのか。

　テーマにもよるが，**多くの政策論が求めているのは，実施体制，財源，手続きなどの「具体化」である**。実際の行政実務を念頭に，これらについて提案することである。

　討論などで，曖昧な意見や理念に関する議論が続いたときには，まずこの種の「具体化」を働きかけよう。表現としては，「話をもっと具体的にしたほうがよい」，「具体化が必要」などが決まり文句だ。そのほか，政策論では具体的手段について検討する場合，「具体論」という言葉も使う。たとえば「具体論に欠けている」と批判したり，「そろそろ話を具体論に移しましょう」などと議論を誘導したりするのだ。

　議論を「具体化」の方向に導く人は，きっと政策立案者としての資質をプラスに評価してもらえる。実際の仕事が意識されていることが試験官に伝わるからだ。

▶ 事例は否定材料に使う！

　もちろん個別事例にも使い道はある。

　あらゆる討論に言えることだが，**一般論の欠点は，その例外となる具体例の提示によってあらわになる**。つまり，具体例は「討論の不備の指摘」に役立つのだ。

　政策をめぐる討論では，よい政策が立案できるよう，みんなで努力する必要がある。その際，「こういう人を除外するような政策はダメじゃないですか」といった批判的意見が，かえって議論を前進させることもある。言い方が攻撃的でなければ，適切な指摘をしたと肯定的に評価されることも多い。

　実際，政策を考えるときには，いろいろな事例を想定してみながら，抜け落ちている点がないかチェックする。事例のことは「ケース」ともいうが，「こういうケースはどうか」などと具体例をイメージながら，政策のよしあしを検討していくのである。

　政策論で考慮すべきケースには，多くの場合，障害者や社会的弱者に関するものが含まれている。「こういう政策だったらみんなが満足だ」などと主張したいのであれば，そこには「弱者に対する配慮」が含まれていなければならない。逆に，もし配慮がなければ，それを指摘するだけで十分な批判となる。

✎ 問題演習

　地域における医療サービスの多様化が進んでいる。公的支援を行う場合，配慮すべきケースにはどのようなものがあるだろうか。

解答は68ページ ▶

第2章　勘違いからの脱出

意 向

心にいだいている考えの方向

▶ ユニーク大好き人間にはならない！

　政策について提言するように求められると，自分の発想力の豊かさをアピールしようとして，とてもユニークなことを言い出す人がいる。論文も討論もだれかを選ぶ試験をしているわけだから，「ほかの人との違いを出さなければ」と思って，ユニークなことを言おうとする気持ちはわからないではない。だが，公務員に求められる能力は，アーティストを目指したり，広告代理店に勤めたりするのとは違うのだ。

　「ユニーク」というのは，「uni = uno = one」が語源なのだから，ようするに「1つだけ」という意味である。多くのもののなかで「1つだけ違っている」ということである。それはすなわち，**自分の意見だけが「浮いてしまう」こともありうる**，ということだ。

　画期的な発想なら，もちろんそれは高く評価される。だが，天才的なひらめきなどというものは，そうそう出てくるものではない。ましてや，課題について考える時間が少ない試験の場で，ユニークかつ有用な意見など，普通は出てこない。通常，頭に浮かぶのは，そこらでいくらでも耳にするちょっと有用そうな意見か，独特だけどまったく役に立たない意見か，あるいは，ありきたりでしかも有用でない意見のどれかだろう。

　なのに，自分の意見はユニークですばらしい，と言わんばかりに独特の議論を展開する人がいる。自分のアイデアに酔ってしまい，それへのこだわりが強すぎて，討論で何度も同じ主張を繰り返す人がいる。

　そういう人は，端的に言って身勝手に見える。**「独自性」よりも，自分は絶対に正しいとする「独善性」のほうが目立ってしまうのだ。**

　社会に出ると，「あなたの意見はなかなかユニークですね」というのは，普通は褒め言葉ではない。むしろ，常識のない相手をバカにするときに使う表現である。討論していて，「ユニークな考えでいいと思いますが〜」などと言われたら，「変な意見だからもう相手にしない」との宣告だと思ったほうがいい。

　論述でも討論でも，まずは常識的な考え方に立ち，求められている検討項目をきちんとすべてフォローすべきである。「みんなが思いつかないこと」を探

そうとするよりも，「みんながうっかり忘れやすいこと」を的確に指摘できる能力をアピールするのが先である。

▶ 意向を念頭に独善を排除する！

ユニークになろうとして失敗すると，「ひとりよがりの考え方だ」などと悪い評価を受けてしまう。そうならないためには，**議論に他者への気遣いを込めたらよい**。

公務員の場合，「他者」は何よりもまず，総体としての「国民」であり，「住民」である。彼らがどのような政策を望んでいるのかを考慮に入れること，または入れようという姿勢を忘れないことが，議論のうえでは重要だ。

意識

「意向」と似た言葉に「意識」がある。大まかに言えば，「意向」が「こういうふうにしたい」という意志を含むのに対し，「意識」は「どのように受け止めているか」という判断だけにかかわっている。

ならば，「行政上の懸案をどうしたらよいか」を尋ねるときは「意向調査」，「政治の現状に対してどう思っているのか」を尋ねるときは「意識調査」とするのが正しいはずだ。しかし，両者の違いを気にせず使っているケースは多い。両方の要素が含まれているとして「意識・意向調査」と名づけて住民アンケートを行うケースもある。

言葉としては**「国民の意向」や「住民の意向」を使うとよい**。これに続く動詞は，「～を考えて」でも問題ないが，定番は「～に配慮しつつ」と「～を踏まえて」である。どちらも，政策提案段階での常套句だ。

政策を評価する場面では，「住民の意向に沿っているか」といった言い方もする。評価を批判的にしたいときは，「住民の意向を無視して進めるのはよくない」などと，「無視」をつけるのが基本だ。

ところで，民主政治である以上，尊重すべきはあくまでも国民・住民の意向である。日本の政策は，少なくともタテマエでは，アメリカの意向に沿って，あるいは特定企業だけの意向を踏まえて，決めるものではない。どうしても，政策立案過程で他国や民間企業の考えを取り入れる必要があるときは，「関係国（関係企業）とも意見調整しながら」などと「意見調整」を使うのが一般的だ。

✎ 問題演習

住民の意向を調査しようと，複数の質問項目について，いずれもAからCの3択で回答するアンケート用紙を準備した。この調査に問題があるとしたら，どういった点だろうか。

解答は68ページ

65

行政サービス

行政が国民・住民のために行う奉仕的活動

▶「笑顔でサービス」の勘違い！

　行政の仕事は，行政サービス，公共サービス，住民サービスなど，よく「サービス」をつけて呼ばれる。これは経済学上の「財とサービス」の区分を考えてのことではない。

　公務員は「公僕」（public servant）とも言われるように，国民・住民への奉仕（service）が求められている。当然，政策についても国民・住民が喜ぶ「サービス」（それが財の給付であっても）を提供すべきだから，公務員の仕事を表すときにはこの言葉が多く使われるのである。（なお，「公共サービス」については，NPOなど公務員以外からの提供も考えられる。）

　たしかに，「公僕」が「お役人様」であった時代，彼らは上から目線で国民に「こうしろ」と命令する存在だった。「お上からのお達し」は絶対だった。だが，民主主義の時代，そうした問答無用で指示に従わせるような考え方は許されない。たとえ，いまだに尊大な振る舞いをする官僚がいたとしても，それはけっして公務員の「あるべき姿」ではない。

　ということで「奉仕＝サービス」の強調となるわけだが，問題は，この言葉を自分のアルバイト経験でしか理解できない受験者がいることだ。もちろん，公的な「行政サービス」と企業の「顧客サービス」には類似点もある。しかし，だからといって，**「お客様に接するときのサービス精神」ばかり語っていても，「行政サービス」の充実には**つながらない。

　たとえば，「笑顔が大事」なことは，公務員の住民対応の姿勢として，間違ってはいない。だが，「笑顔」はこれから政策を議論していこうというときに，わざわざ強調するようなことでもない。被災者支援策を語るときに「笑顔で元気づける」といった案を出したら，唖然とされるだけだろう。

官僚

　公務員は俗に「官僚」や「役人」と呼ばれる。「役人」が公務員の総称として用いられることが多いのに対し，「官僚」はどうも「高級官僚」をイメージして使われることが多いようだ。

　いずれにしても，どちらも論述や討論では普通使う単語ではない。やはり無難に「公務員」や職名（警察官など）を使っておこう。

▶▶ お祭り人間にはならない！

　サービスを「住民が喜ぶこと」ととらえるのはよいとしても，問題は「喜ばせ方」である。人間は何かを考えるとき，思っている以上に自分の経験による制約を受けてしまう。おそらくそのために，**「みんなが喜ぶ＝イベント実施」という連想に振り回されやすいのだ**。政策論を展開しなければならないのに，いつの間にか「イベント企画」の話になってしまう。よく見られることだが，基本的にはやらないほうがよい。

　もちろん，イベントのアイデアを出すことが間違いだとは言わない。B級グルメのイベントが町を活性化させることもあるし，「啓発活動」の名のもとに税金を使って芸能人を呼んでくるような公的行事はいくつも存在する。

　しかし，だからと言って，なにかというと「イベントをすればよくなる」と力説するのは，政策論としてはあまり上等には見えない。イベントの提案は，どうしても一時的な対策に見えてしまうし，どこか大学祭的・飲み会的発想から抜け出ていないように感じられるからだ。しかも下手をすると，ただの「お祭り人間だ」と判断されかねない。

　選挙において投票率を上げるために「どのような施策が考えられるか」と問われ，真剣な顔で，各投票所の前に焼き鳥屋やおでん屋などの屋台を置くべきだと主張した人がいた。住民の交流の場にもなるので一石二鳥だと考えたのだろう。

　だが，この人は，自分が「参政権は焼き鳥やおでんにつられて行使されてもかまわない」という立場で議論を展開していることに気づいていない。有権者が冷静に政治的判断を示すべき選挙で，「一杯目当て」の気分をあおることが不適切であるということがわかっていない。

　イベント提案は意外にもリスクが大きい。「参加者を増やせ」「地域を活性化せよ」などと言われたら，新たな「祭づくり」を考える前に，**今ある行政サービスについて何か工夫はできないか**，を考えてみるべきだろう。

第2章　勘違いからの脱出

問題演習

　選挙における投票率向上に向け，既存の施策に若干の変更を加えたい。有権者の利便性を考慮に入れ，どのような方策が具体的に提案できるだろうか？ただし，インターネットによる投票はまだ認められていないとする。

解答は68ページ

PART Ⅱ 第2章　問題演習の解答

・ターム1「対策」 ··· p.59

　この問題では「企業にとっての魅力」に気づくことが大切。
そうすれば，企業誘致策，産業活性化策，ベンチャー企業育成策などの言葉が出てくるはずだ。

・ターム2「現実」 ··· p.61

　リアリストは一般に「軍事紛争」や「他国による侵略」の危険性を否定しない。したがって，「周辺国の軍備拡大」や「軍事的脅威」などを指摘すればよい。なお，アイデアリストは一般に力による問題解決に否定的である。

・ターム3「具体」 ··· p.63

　病院に通うことが困難な高齢者や障害者のケースなど。
　この場合，通院支援のほか，ITを利用した遠隔医療の導入などを対策として検討すべきである。

・ターム4「意向」 ··· p.65

　住民の意向がわからないから調査するのに，3つのなかからの選択という形で回答範囲を狭めている点が問題である。行政の側が見過ごしている課題もあるだろうから，自由回答式の質問も用意したほうがよい。

・ターム5「行政サービス」 ··· p.67

　既存の選挙事務を前提に有権者の利便性を考えるならば，投票の機会を増やす提案がよいだろう。具体的には，投票所の数を増やす，駅など人通りの多いところに投票所を置く，投票時間を延ばすなど，投票の場所と時間に関する変更案を提示するのが自然だ。

PART II

政策論の初歩

第3章
常識タームの確認

この章では,
論述や討論で政策を議論するときの
「常識ターム」を確認。
タームの学習を通じて,
社会科学の基本的な考え方や行政にまつわる
基本的なものの見方が理解できたら,
この章はクリア!

要　因

ある状況がもたらされた原因

▶▶ ズバッと言い切るような議論は避ける！

　政策論に必要な社会認識として最も大切なのは，**社会的出来事は1つの要因から説明できるものではない**，ということだ。社会問題について考えるとき，事情がわかればわかるほど，「複雑だなぁ」，「簡単に解決できないなぁ」などと，ため息をつくことは多い。だが，それは当たり前のことなのだ。

　ところが，社会問題についての議論の経験が少ない人はそうは考えない。犯しやすい過ちは2つある。

　1つは，数学などと同じように，社会問題にも唯一の答えがあると思ってしまうことである。特に積極的な人ほど，「問題」と聞いた瞬間，「とにかく正解を見つけなきゃ」と思ってしまう。だが，**1つの答えがあるかのような発言は，社会認識の甘さを示しているだけだ**。

　もう1つは，社会問題は複雑だとわかったうえで，だからなおのことズバッと「鋭く切るような言い方」が望ましいと思ってしまうことである。しかも，自分の意見に自信がない人ほど，自分のあやふやな意見をちょっとでも立派に見せようとして，「絶対」や「間違いない」を使おうとする。だが，これでは「冷静さや慎重さに欠ける人だ」と判断されかねない。けっこう危険な言い方なのだ。

　そもそも社会を構成する人間自体，とても複雑な存在である。**人間がつくり出す社会現象もやはり複雑である**。これを無視して，複雑なものを単純に理解したのでは，「私は単純な人間です」とアピールしているようなものではないか。

　「わかりやすく説明すること」と「単純に理解すること」とは違う。前者は複雑さを認識しているが，後者はそうではない。だから，前者は高く評価されるが，後者はバカにされるのだ。

ファクター

　要因は英語でファクター（factor）という。サラリーマン社会では，「要因」よりも「ファクター」を好んで使う人もいる。「いろんなファクターがある」などと言うのだ。

　公務員試験の論述や討論ではこじゃれる必要もないから「要因」でよいと思う。好みの問題だろうが…。

▶▶「要因」と「背景」は使い分ける！

社会現象や社会問題が生じている以上，そこには必ず何か要因がある。そして，その要因はたいてい複数ある。行政の現状についてならば，経済的要因に加え，政治的要因も考える必要がある。さらに，行政機関内部の人的要因や構造的要因が影響している可能性もある。**意識すべきは「複数の要因の存在」な**のだ。

したがって，政策論で思いついた要因を指摘するときは，まず「政治的要因も考慮する必要がある」などと「も」をつけることを心がけよう。要因の多様性を理解していることを示しておこう。

また，**要因には「直接的要因」と「間接的要因」がある**。図で言えば，AとBは直接的要因で，CとDは間接的要因だ。議論では，この2つをきちんと分けて論じるように心がけたい。要因が複数あるからといって，なんでもかんでも同列に並べたのでは，社会現象をきちんと分析できているようには見えない。重要度を見極めながら語るのが大切なのだ。

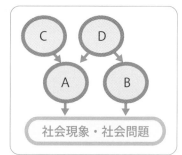

数ある要因のなかで最重要なものを示すときは，討論では「主たる要因」，論述では「主因」を使ってみよう。もちろん「要因としては〜が重要だと思う」と言ってもかまわない。要因の重要度は大小の尺度で表すので，「重要」の代わりに，「〜という要因が大きい」という言い方でもよい。

なお，**要因のうち，多くの社会現象の遠因となっている時代状況については**「背景」を使うのが一般的である。たとえば，少子高齢化や情報化は「時代背景」である。

背景は，あらゆる議論の前提になる。そして，前提である以上，特定の社会問題の議論では，背景についての議論は深めなくてよい。対策づくりに必要な直接的・間接的な要因に絞って，分析し論述することを心がけるべきだ。

✏️ 問題演習

ある私立大学の経営が悪化しているとする。少子化が背景にあることは明らかだ。では，直接的・間接的な要因としては，どのようなことが考えられるだろうか。

解答は84ページ▶

（側注）第3章　常識タームの確認

面

多くの特質のうちの1つ

▶▶ 一面的では分析にならない！

政策論は，個人の感想を文学的に述べる場でもなければ，個人の信念を宗教的に語る場でもない。どちらも主観的で，しかも一面的すぎる。

政策論で必要となるのは，客観的かつ多面的な議論である。客観的議論には事象を「多くの視点」から見ることが必要になる。多面的議論には事象の持つ「多くの側面」に目を向けることが大切になる。

「客観性」は，事象を「Aから見るとこう見えるが，Bから見るとどうだろうか」などと，複数の見方を心がけることで確保できる。具体的には，いろいろな立場の人の見方を並べ，その説明能力を比較してみる。そうするだけで，自分の思い込みだけで主観的に展開するものよりも，議論はずっとマシになる。

一方，「多面性」は事象の「Aを見るとこう見えるが，Bを見るとどうだろうか」などと，複数の面に注目することで確保できる。いろいろな面を見れば，その物事の特徴がつかめてくる。一面的な議論で抜け落ちる部分に気づくこともできる。

社会の出来事について議論するとき，まずその多面性に着目するのは，社会を冷静に見ようとする人の基本姿勢である。だから，**政策論では「面」という言葉が多く用いられているのだ。**

討論でも，「そういう面もあると思いますが～」などというように，「面」は当たり前のように出てくる。使いこなすことができなければ不思議がられるレベルの重要ターム

パーセプション・ギャップ

1つの現象をいろいろな視点から見ると，分析の客観性が高まるだけでなく，それぞれの視点の持ち主についての理解も深まる。公務員が仕事で「住民の視点に立って」見てみようとするのは，住民の気持ちを理解するうえでも大切なことなのだ。

国際問題では，国によって「現象の認識レベル」に差が見られることがある。日本では重大問題として大騒ぎしているのに，外国では深刻に考えられていなかった，といったこともある。こうした日本と外国との認識の差のことを「パーセプション・ギャップ」という。「環境保護については，両国間にパーセプション・ギャップがあるようだ」などと使う。この場合も，相手の視点に立って見ようとする姿勢が重要になる。

なのだ。

　ちなみに，「面」と同じような意味で使われる言葉に「点」がある。「面」を見る視点の意味なので，「コストの面では」と「コストの点では」は同義である。

　「多面的に見る必要性」を指摘するときには，「多面的」のほかに「多角的」もよく使われる。「多角的に検討する」といった常套句もある。

▶▶ 社会問題については複数の「面」を語れ！

　政策を考えるとき意識すべき「面」としては，まず「財政面」を挙げるべきだろう。いかによい政策も財政の裏づけがないと実現しないからだ。財政面を軽視していると，きっと討論では「アイデアはよいと思うのですが，財政面はだいじょうぶでしょうか」といったツッコミが来るに違いない。

　施設などを使う政策を提案する場合は，その「管理運営面」にも一言触れておいたほうがよい。**財政面が「カネをどう調達するのか」の話だとすれば，管理運営面で問題となるのは「ヒトをどう確保するのか」である**。ようするに，だれが管理や運営を担うのか，といった話だ。震災復興策などもそうだが，政策には多くの人手を必要とするものが多い。「マンパワーをいかに動員するのか」は，政策実施を考えるうえでとても重要な側面なのだ。

　また，インフラ整備などを提唱するときには，**「環境面にも十分に配慮しながら」議論を展開するべきだろう**。今の時代，環境に対する負荷の評価は政策立案に欠かせない。「環境面」の一言があるかないかは，時代の要請を意識しているかどうかがわかるポイントになる。

　そのほか，新しい施策・イベントの提案では，**「安全面」への配慮も不可欠である**。「安全面に不安がある」といった評価は，「安全・安心」を旨とすべき行政サービスにとっては致命傷になりうる。

✏ 問題演習

　交通インフラの整備は，コスト面を考えると「本当に必要なのか」といった批判を受けやすい。建設の必要性を主張するには，「利便性の向上」以外で，交通インフラが持つどのような面に着目すればよいだろうか。

解答は84ページ▶

等

ほかにもあることを表すときにつける言葉

▶▶ 政策論は謙虚であれ！

　社会ではいろいろなことが起きる。思ってもみなかったことも起きる。だから，社会問題の解決策を提案するときには，語り口を慎重にしなければならない。パーフェクトな政策案を考えついたつもりになり，「これを実施すれば絶対うまくいく」などと豪語すると，それだけで政策論としては失格になる。**政策論は謙虚でなければならないのだ。**

　それに，政策の実施には多くの組織や人間が関与する。そして，「もっとこうしろ」などと要望を突きつけてくる。公務員はそうした声にも対応しなければならない。政策実施の具体策を検討するときには，**「柔軟な対処」を意識する必要もある。**

　こうして，政策論の語り口は必然的に謙虚かつ曖昧なものになっていく。上から目線で，断固として語ることはNGなのだ。

　そもそも公務員は政治家ではない。政治家の政策論なら大げさで過激な言い方も許されるかもしれないが，行政官は政策を「支障なく実施する」のが仕事である。だから，想定外のことが起きても対応できるように，彼らは入念に言葉を選んで文書をつくっていく。表現が慎重になるのは，なにも彼らが曖昧を好むからではない。**想定外のことが起きた場合にも，柔軟に対処できるようにするためである。**

　よく世間の人たちは，「公務員の言い方がはっきりしない」と文句を言う。だが，それは公務員が責任逃れをしているからではない。いや，多少はそういう面もあるかもしれないが，多くはそうではない。公的な責任を負っている以上，簡単に問題が解決するような言い方ができないのだ。

　論述でも討論でも，「公的責任」を担うことを意識して文章を整えよう。「基本的にはその方向で」などと，謙虚かつ曖昧な言い回しを使うようにしよう。

▶▶「等」は公務員の必需品！

　公文書に最も多く登場する漢字は「等」かもしれない。そう思いたくなるほど，「等」は頻繁に登場する。公務員の世界では，「県内の学校等の校舎・校庭等の利用判断について，県教育委員会等に対し通知を発出いたしました」と

いった文書が普通に飛び交っているのだ（引用は除染に関する文書の一部）。

いちいち「等」を入れるのは，それ以外のものも対象に含まれる可能性があるからだ。つまり，例外への配慮なのである。

また，かりにあらゆる対象を確認できたとしても，それをすべて記載する必要はない。代表的なものだけを示して「等」をつける。そのほうが，文書が簡便になるからだ。こうして，いずれにしても「等」は増えていく。

たとえば，「どんどん宣伝すれば，地域の人たちもきっとわかってくれるはずだ」という文は，「広報

傾向

断定を好まない人たちは，状況認識についても慎重な言い回しを用いる。だが，「失業率が上昇『など』している」とは言わない。動向についてコメントするときは，普通「など」は使わないのだ。

トレンドに関する発言で使うべき慎重表現は「傾向」である。「失業率が上昇傾向にあるなか〜」といったような使い方をする。経済指標に言及するときの定番表現だ。

一定期間の動きを意識したうえで語るのが「傾向」なのだから，指標が一時的に反対の動きをしてもまったくかまわない。もしそうしたブレがどうしても気になるのなら，「大まかな傾向」を語ればよいだけである。

第3章　常識タームの確認

活動等の充実を図ることで，地域住民等の理解は得られるものと期待できる」というふうに変わる。「等」を入れて漢字を多くしただけで，いかにも政策論ぽく見えるではないか。

とはいえ，論述や討論で「等」を使うとちょっと堅苦しい気もする。そういうときは「など」を使う。「広報活動なども積極的に行いながら〜」といった感じだ。「など」なら，論述はもちろん，面接や討論で使っても自然に聞こえる。**自分が「例外や想定外に対するまなざし」をしっかり持っていることを示すためにも，「など」はうまく使いこなせるようにしておきたい。**

なお，かなりくだけた雰囲気であれば，「など」の代わりに「なんか」や「とか」を使うこともできる。学生主体の討論なら，「広報誌とかで宣伝したらいいですよね」と言っても，違和感はないはずだ。

　問題演習

「アメリカなどの友好国とは〜」という表現は，アメリカを例としているだけでなく，友好国全体をアメリカに代表させている。「など」よりもっと明確に，しかも「代表」という言葉を使わず，代表的存在を例示する言い方はないだろうか？

解答は84ページ ➡

コスト

費用：何かを達成するのに必要となる資源量

▶▶ コスト意識を持つ！

公務員になろうとする人は，きっと国民や住民の幸せを願っている。そのために必要な公共サービスがあるのなら，できるだけたくさん提供してあげたいと思ってしまう。

だが，行政に使える資金には限りがある。子どもたちが喜ぶからといって，花火大会に何十億円も注ぎ込むわけにはいかないのだ。

政策案を考えるときには，必要となる経費についても考える癖をつけよう。特に住民サービスや施設の建設にかかわる政策では，コスト意識は不可欠だ。コスト度外視の提案をすると，それだけで「甘い」と思われてしまう。実際の行政なら，すぐに「バラマキ政策だ」，「無駄な公共事業だ」などと，厳しい批判にさらされることになる。

行政では，施策に必要な経費は予算に計上される。そして予算では，財政支出に見合った財源が求められる。だから，新たな施策が提案されるときには，決まって「財源はどうするのか」といった話が出る。

論述や討論では，まず財源について言及する必要があるかどうかを見極めよう。震災復興や社会保障のようなテーマなら，財源論は避けて通れない。一方，教育や犯罪がテーマなら，具体的な財源の話までは求められないはずだ。

ただし，機会があれば，**日本の厳しい財政状況を意識していることはアピールしたほうがよい。**論述では，「財政が厳しき折」とか「財政が逼迫（ひっぱく）するなか」といった定番のフレーズを「枕詞」に使うだけでもかまわない。討論では「財政上の制約もありますから～」とか「予算制約を考えれば～」みたいな言い方を使ってみよう。

ランニング・コスト

機器，システム，施設などの管理に必要な費用。「維持費」と言い換えることもできる。具体的には消耗品代や点検整備代などがこれに含まれる。政策討論で公共施設の建設が話題に出たら，「ランニング・コスト」についての検討を呼びかけよう。建設のコストは考える人が多いが，維持・管理費は見落とされやすいからだ。

ちなみに，機器やシステムの導入に必要となる費用，つまり購入代金のことは「イニシャル・コスト」という。こちらは政策論ではあまり使われない。

財政の現状について数字を挙げ，コスト意識があることを知識で示すという手もある。国の一般会計歳入における税収比率は半分に満たない。公債依存度は５割に迫る勢いである。一方，地方自治体では経常収支比率（人件費など支出しなければいけない経常経費が一般財源などに占める比率）が90％を超えている。自由に使える経費は１割もない。大まかな数値でもうまく使えば「財政難の時代の公務員の心構えができている」と思ってもらえるのではないだろうか。

▶ 必要なコストはかけてよい！

コストは，「金銭的コスト」以外にもある。**代表的なのは，「時間的コスト」と「人的コスト」である。**

いくらすばらしい施策を考えついたとしても，あまりにも時間がかかるのでは「時間的コストが大きすぎる」として却下されてしまう。施策の実施にあまりにも多くの人手を必要とするような案も，「人的コストをかけすぎる」として高くは評価されないだろう。

逆に，もし「金銭的」，「時間的」，「人的」のいずれのコストもあまりかからない政策案が提示できるのであれば，自分の案が「低コスト」で実現できることをしっかりアピールしておこう。討論なら，「あまりコストはかけられないので」などと前置きしてから発言するのも好印象だ。

もちろん，必要な施策には必要なコストをかけなければならない。コストがかからなければそれでよい，というわけではないのだ。コスト削減ばかり意識していたのでは，大胆な施策の提言は難しくなる。それでは元も子もない。

論述や討論では，コストがかかることを承知のうえで「やるべきだ」と主張することもある。防災対策などはその典型だ。ほかにも，住民サービスの向上になったり，将来の税収増につながったりする施策なら，必要なコストは容認されるに違いない。

覚えておくべきフレーズは「ある程度のコスト」である。「ある程度のコストは必要だろうが〜」，「ある程度のコストをかけても〜」といったように使う。

✏️ 問題演習

行政コストの削減方法の１つに，限られた人員や財源の有効活用で得られる「効率化」がある。ほかには，どのような行政コストの削減方法が考えられるだろうか。「○○化」の形で答えてみよう。

解答は84ページ

無　駄

役に立たないこと

▶ 無駄遣いの危険を自覚する！

　行政について最も多く指摘される問題点は，「無駄が多い」というものだ。増税が争点になる時代，なおのこと国民は政府の無駄遣いに厳しくなっている。行政の無駄は，究極的には「税金の無駄遣い」になる。納税者が怒るのも無理はない。

　無駄にはいろいろな種類がある。無駄を出しているのは公務員なのだから，その態度を基準に分類してみよう。

　第一に考えられるのは，施策にコストがかかりすぎていたり，もうニーズがなくなったりしているにもかかわらず，それを見直そうとせずに放置している場合である。じつは当事者もコストのかけすぎやニーズの不在にうすうす気づいているのだが，自発的・積極的にそれを正す勇気がないといったケースだ。

　これまで続けてきたことを変えるためには，労力が要る。楽をしたいわけではないが，あえて面倒なことをしようとは思わない。そういう現状維持に向かう気持ちが，結果として無駄の放置につながることがある。しかも，そうしたムードが組織全体に蔓延しているような場合もある。

　「前例の踏襲」がいけないわけではない。行政に継続性をもたらすには必要な考え方だからだ。だが，これがしばしば行政の怠慢を正当化させているのも事実である。**「前例にのっとり」は，怠慢の言い訳にもなりかねない危険な言葉だと考えよう。**いかにも公務員らしいタームだが，うかつには使えない。

　第二に考えられるのは，当事者が頑張りすぎて余分にコストがかかっている場合である。住民のニーズを上回るような過剰サービスをしているようなケースだ。

　こうした場合，本人たちが無駄遣

代案

　現行政策に問題があるとき，その「是正」ではなく，「代案の検討」が求められることがある。従来のものに代わる政策案のことである。「何かほかによい案はないのか？」といった意味で，「代案はない？」と尋ねられることもある。

　ちなみに，与野党の政策論議で使われるのは，正しくは「対案」である（「代案」を使う人も多いが）。こちらは，政府案に対抗する提案という意味だ。発音は近いが「だいあん」と「たいあん」は違う。注意して使おう。

いに気づいていないことも多い。だが，官民問わず，今は「コスト意識が低くても一生懸命やっていれば許される」という時代ではない。**熱心に行政サービスの充実を説きながらも，一方で無駄遣いへの警戒感を示すくらいでないと，公務員としての自覚に乏しいと思われてしまうのだ。**

▶ 無駄の判断基準は主観的！

ここまで「無駄」を意識することの重要性を述べてきたが，じつは行政に関する無駄の判断は難しい。行政の目標は，民間企業のものと異なり，数量化できるものばかりではないからだ。

一般の企業の場合だと，投じた金額と得た収益を比べて「どれだけもうかったのか」を計算することができる。だが，行政には「どれだけ住民が満足したか」のように，評価基準が主観的にならざるをえない施策が多くある。ある施策に投じた金額や労力が無駄だったかどうかは，簡単には判断できない。

そのためか，無駄をめぐる政策論議は，しばしば主観的イメージのぶつかり合いになってしまう。討論で「そういうのって無駄じゃないですかぁ」などと指摘してみればわかる。批判された人は，「住民の幸せのためには絶対必要だ」などと言い返してくるはずだ。そこから感情的なバトルが始まることもあるだろう。

「無駄」は他者の政策案に対する究極のネガティブ・コメントである。「おまえの案はくだらない」に限りなく近い言い方なのだ。討論などでほかの参加者に向けて使うときは用心したほうがよい。

一方，論述では，無駄が出ないように配慮している点をアピールしておきたい。たとえば，防災政策について十分な備蓄の必要性を書くとする。非常食の配備はけっして無駄ではないのだが，一定期間が過ぎれば廃棄処分されることから，人によってはこれを無駄と見るかもしれない。

こういうときは，「無駄だ」と言われないように，利用期限に近づいたものの有効活用法をあらかじめ示しておくとよいだろう。「体験学習に利用する」といったちょっとした提案でかまわない。重要なのは，「無駄にならないように」という一言が入っていることである。それによって，行政に向けられる無駄遣い批判を気にしていることが採点者に伝わればよいのだ。

✏ 問題演習

自治体が建設した職員用の研修施設が無駄かどうか，議論になっている。無駄であると主張するには，どのような統計が必要だろうか。

解答は84ページ ▶

第**3**章　常識タームの確認

段　階

物事が進行していくときの区切り

▶▶ 短期と長期を分ける！

　賢者と愚者の違いは，時間的・空間的にどこまで「遠く」を見ているかでわかる。ぎりぎりになって慌てる人よりも先読みして動いている人のほうが賢そうに見えるし，世界の動きに関心がある人と自分の周りの出来事しか話題にしない人とでは，やはり知的水準に違いがあるように思える。

　多くの人の話は，昨日・今日・明日の自分の出来事と自分の周りの人間関係で，その大半が占められている。一方，**政策論で大事なことは，「今・ここ・自分」への執着を切り離すことだ。**

　政策を論じるとき，普通「自分」の話題はそうそう出てこない。また，論題はたいてい内政の話だろうから，空間的に広いグローバルな視点が必要なことも少ないはずだ。したがって，注意すべきは時間感覚であり，具体的には「今の対策」への過剰なこだわりである。言い換えれば，日本の未来を見通しているような雰囲気で政策論を展開できるか，ということだ。

　まず，当面の対策と長期的視野に立った施策を分けて考える癖をつけよう。そして，論述や討論では，必要があれば短期と長期の両方について提案するようにしよう。

　短期の対策であることを示したければ，「当面の対策には」とか，「ただちに着手すべきは」などと言えばよい。医療の比喩を使い，「対症療法としては」と言うこともある。根本治療には時間がかかるが，いますぐ症状を軽くする必要があるといった意味だ。こうしたフレーズは，それ以外に長期的な提案があることを暗示している。長期的施策について発言しなくても，長期を意識していることを示せる便利な表現だ。

　ちなみに，長期的な対策であることを示す言い方には，「長期的には」のほかに，「将来的には」や「ゆくゆくは」といったものがある。こういった言葉を入れると，短期の施策については別の考え方をする必要があると認識していることも，ちゃんとわかってもらえる。

　ついでに，時間意識を表す社会人ぽいタームも覚えておくとよいだろう。短期か長期かわからない話が出たら，「どのくらいの時間軸で考えているの？」と尋ねてみるのだ。ちなみに，「時間軸」の代わりに，時間の範囲という意味

の「タイムスパン」をわざわざ使う人もいる。

▶ 政策は一気に実現しない！

　政策論では，短期と長期の二分法ではなく，いくつかのステップを踏んで実現・充実させていくような考え方も大切だ。実際，政策には一気に実現しないものも多い。「段階」を踏んで少しずつ進めなければならない政策のほうが，一般的なのだ。

　ゆえに，政策論では「段階」や「段階的に」，あるいはこれを英語にした「ステップ」というタームをたくさん使おう。そして，将来を見据

局面

　「段階」は，「階段」に似ているせいか，上へ上へとよい方向に進んでいくイメージがある。また，自分から見た時間の区切りとして，自分の意志も込めやすい。そのためか，客観的な観察を示したり，マイナス方向への変化があったりしたときなどには，「段階」よりも「局面」を使うことが多い。

　ものごとには，時間の経過とともに質的な変化が見られることがある。うまくいっていたものが，急にそうでもなくなったりすることがある。そういうとき，「新たな局面に入った」といった言い方をする。英語をカタカナ語にして，「フェーズが変わった」と言う人もいる。

え，そこに向かって一歩一歩進んでいく自分の姿をアピールしてみよう。

　社会人がよくするように，「最初」の代わりに「第一段階としては」と言い，「今は」の代わりに「現段階では」と言ってみる。施策の「立案」や「実施」について話すときは，「計画段階」や「実施段階」といった言い方をしてみる。これだけでも政策を段階的に考えていることが示せる。

　また，政策を「段階的に論じる」のは，なにも１つの政策の政策過程（計画・実施など）に限ったことではない。複数の政策を一連のものとし，「段階を追って実施する」ことだってある。

　実際，政策はしばしばそうした発想で行われている。政策には，多額の予算を必要とすることから国会の議決がなければ着手できないものがある。そのため，まず「ステップ１」として政府が自由に使える予備費を利用して緊急の対策を実施し，つぎに「ステップ２」として補正予算や本予算を編成して本格的な対策を打つ，といったことも珍しくない。

✏️ 問題演習

　政策過程についての発言では，よく「計画段階」や「検討段階」といった言い方が使われる。この２つの時間的な前後を考えてみよう。「計画段階」と「検討段階」は，どちらが先になるだろうか。

解答は84ページ ▶

第3章　常識タームの確認

連 携

相互に連絡を取って協力して何かを行うこと

▶▶ 行政の限界を意識する！

行政はその計画から実施までをすべて自分たちだけで行うわけではない。しかも，公共サービスの提供は，今や国や自治体だけが担う仕事ではなくなりつつある。施策は市民や関係団体と意見交換をしながら計画され，民間企業やNPO（非営利団体）の力を借りながら進めていくのが普通になったのだ。

「行政の担い手になる」という意識が高いのはよい。だが，気負ってしまって，**行政の力でなんとかしよう，という発想にとらわれすぎてはいけない。**

そもそも行政経費の削減が求められる時代，なんでもかんでも国や自治体の経費でやろうというのは時代錯誤である。民間活力をうまく利用しながら，全体として行政サービスの充実が図られるようにするのが，今の時代の発想であるべきだ。

住民からすれば，公共サービスにはつねに不十分さが伴う。税金の見返りに提供されるものだという思いが強ければ，当然「もっと充実を」という気持ちにもなる。それに，標準化された行政サービスが自分向きではないと感じている市民もいるはずだ。

だから，民間企業であれ，NPOであれ，行政を補完するサービスを提供してくれる社会組織があって，結果として市民の満足度が上がっていくのならば，それは行政の側にとってもありがたいことなのだ。

当然，そうした**民間組織との「連携」は，前向きに検討するべきである。**

ちなみに，「官民の連携」は必ず

連帯

「携帯」という言葉があるくらいだから，「連携」も「連帯」も同じような意味に思えるかもしれない。だが，政策を議論しているとき，「連携」はよく出てくるが，「連帯」はあまり出てこない。

「連携」と違って「連帯」には「感」がつく。つまり，感情的なニュアンスを含んだ言葉なのだ。しかも，「連帯感」は基本的に内部者の結束を示す言葉である。外部とのドライな協調関係にはふさわしくない。おそらくそれゆえに，「連帯」は労働運動・政治運動の世界では好んで用いられ，政策論の世界では毛嫌いされているのだろう。

そもそも，「連帯」は強い結びつきをイメージさせすぎる。なにしろ，手を携えているだけの「連携」と違って，「連帯」は着物の帯で縛り合っているのだから。

しもボランティアでの協力を意味するものではない。公共利益に合致した活動なら，行政が資金面で支援してもかまわないはずだ。

　論述や討論では，民間の力を借りられそうな場合，それを指摘しておくとよいだろう。「NPO等の協力も得ながら（仰ぎながら）」といった一言で十分だ。

▶ 行政機関どうしの連携も考える！

　行政において必要とされる連携は「官民連携」だけではない。科学技術にかかわる政策分野では「産学官連携」という言い方がよく出てくる。研究機関としての大学が連携対象に含まれているのだ。

コラボ

　「連帯」と似た言葉では，最近，「コラボ」という言葉もよく聞く。コラボレーション（collaboration）の日本的な省略語だ。「一緒に」を表す「co」に「労働」の「labor」がついているのだから，「共に働く」というのがそもそもの意味である。多くの場合，この言葉は関係者（企業やアーティスト）が営利目的で協力するときに使われる。もし論述などで使うなら，それを踏まえたうえで，「コラボレーション」と正しく書いたほうがよい。「バイト」と同じで，省略形は口語的すぎる。

　政策論で「コラボ」を使いたくなるのは，普通は行政と民間の協力についてである。そういう場合，「コラボ」ではなく，「官民協働」を使っておけば無難だ。実際，この言葉は政府文書にもよく登場するようになっている。

　そのほか，**行政機関どうしの連携も重要である**。政策案を考えるときには，自治体どうしの連携，都道府県と市町村の連携，国と自治体との連携など，ひととおりの可能性を検討するほうがよい。話題が外交や防衛にまで及ぶなら，外国政府との連携だって必要になるかもしれない。

　とくに災害時の物資の調達については，自治体どうしの連携に言及しておくことは重要だ。2016年の熊本地震で被災した自治体の多くは，県外の自治体や民間企業と「物資供給に関する協定」を締結していた。こうした連携は被災地支援の円滑化に役立つものだ。

　なお，こうした行政機関どうしの連携は，「官官連携」とでも呼びそうなものだが，あいにくそういう言い方はしない。自治体であれば，「周辺自治体との連携」や「国との連携」など，具体的に連携先の行政機関に言及するのが一般的だ。

✏ 問題演習

　「連携」という日本語を英語にする場合，その訳語は文脈に応じて変える必要がある。どのような英単語が「連携」の訳語として考えられるだろうか。

解答は84ページ ▶

第3章　常識タームの確認

- **ターム6「要因」** ………………………………………… p.71

  経営が悪化しているのだから，直接的要因としては，収入源（＝入学者の減少）と支出増（＝放漫経営）の可能性を挙げるのが一般的だろう。前者については，大学間の競争激化や親の所得の低下などが間接的要因として作用しているはずだ。後者では宣伝費や施設費のかけすぎなどが考えられる。

- **ターム7「面」** ………………………………………………… p.73

  地域活性化といった「観光面」での利益を挙げるのが一般的だろう。そのほか，緊急時における複数経路の確保といった「防災面」の利益を指摘してもよい。

- **ターム8「等」** ………………………………………………… p.75

  たとえば「〜をはじめとする」といった言い方がある。「アメリカをはじめとする友好国とは〜」といったふうに使う。

- **ターム9「コスト」** …………………………………………… p.77

  業務や人員の規模縮小を意味する「合理化」や「減量化」を挙げるとよい。

- **ターム10「無駄」** …………………………………………… p.79

  こうした議論では，施設の利用率（あるいは稼働率）のデータは不可欠である。あまりにも低ければ，当然無駄と判断されるだろう。かりにランニング・コストがほとんどかかっていないとしても，役所内の会議室などで代替できるのであれば，売却も検討されるべきだ。

- **ターム11「段階」** …………………………………………… p.81

  やるかやらないかが「検討段階」であるとすれば，やると決まったことをどうやるかが「計画段階」になる。したがって，「検討段階」が先だと考えるのが普通だろう。たしかに複数の計画を立てた後に検討することもあるが，それはやはり「計画段階」に属する行為と考えるべきだ。

- **ターム12「連携」** …………………………………………… p.83

  「連携」の訳語は「cooperation」や「coordination」。法令では「cooperation and coordination」も使う。なお，経済連携協定の「連携」は「partnership」だ。

PART Ⅲ

政策論の基礎

第4章
政策分析の基礎

この章では,
政策を議論するうえで基本となるタームを解説する。
政策論ではさまざまな配慮が必要になる。
どういうことに注意して議論すべきか理解できたら,
この章はクリア!

公共政策

政府が示す公的課題の解決策

▶「公共政策」の特徴を意識する！

　まず改めて「政策」とは何かを確認しておこう。論述や討論で政策論を展開するには，政策と政策以外の話をきちんと区別しなければならない。

　「政策」の「策」は「対策」である。だから，問題解決に向けた計画や方法を語るべきであって，自分の感想や体験を述べてはならない。これは本書の最初に述べたことだ。もう一文字の「政」は，もちろん「政治」の意味である。ようするに「政策」とは「政治的な問題解決策」である。だから，政治家や政党は「政策」を掲げ，国民の支持を得て，実現させようとするのだ。

　ところが，政治家たちの「政策」には，政権を取りたいといった「政局」が絡んでくる。だから，国民が喜びそうな「バラマキ」も「政策」の名のもとに宣伝される。こうした政治的提案は，「政策」とは呼ばれるものの，政治戦略的な意図が入った「策略」の面が強くなっている。

　一方，公務員や学者は，政治家とは異なり，政治的な作為を排除して冷静かつ合理的に「政策」を考える必要性を自覚している。そうしたとき，**彼らは自分たちが取り組んでいるものを「公共政策」と呼ぶ**。だから，「公共政策」は学問になり，公務員試験の試験科目にもなったのだ（国家総合職専門記述式試験など）。

　したがって，公共政策にかかわる論述では，どこかの政党が政権欲しさに主張している「バラマキ政策」を話題の中心に据えてはならない。各党が提唱している「政策」を比較検討するような内容もイマイチだ。あくまでも現状を冷静に分析し，行政として実行可能な合理的提案をするようにしよう。

アジェンダ

　「アジェンダ」とは，議論すべき課題が複数あるとき，どういう順番で進めていくかを示したものである。「議事日程」などの訳語があてられることもあるが，かえってわかりにくくなるためか，英語でそのまま使うことが多い。意味からすれば「優先順位つき検討課題リスト」と訳すべきだが，これでは長すぎる。

　使い方だが，企業の会議などでは，司会が「今日のアジェンダは〜」などと言ったりする。政策討論で複数の検討項目があるときには，「まずアジェンダを決めましょう」などと提唱してみてもよいだろう。

▶ ビジョンは必要なときだけ書く！

政党政治の世界では，政策とともに「ビジョン」という言葉もよく使われている。2つをつなげて「政策ビジョン」などという言い方さえある。

一般にビジョンとは未来像である。政治で使われる場合には国家の理想像，すなわち「こういう国にしたい」というイメージのことを意味する。

一方，政策は課題解決のための計画や方法である。ビジョンと違って，理想よりも現実に力点を置いているのが特徴だ。もちろん政策にしても，ビジョンと同じく将来は見ている。だが，ただ漠然と遠くを眺めているのではなく，現状打開の先にある姿を思い描いている。

政策論では，ビジョンは必ず書こうと思わなくてよい。行政は地道な政策執行が任務である。地域開発などのテーマではビジョンも必要だろうが，ごみ問題の打開策の話し合いで「国家ビジョン」を語る必要はない。

▶ 政策のタイプを意識して議論する！

政策については，**①分配政策，②規制政策，③再分配政策，④構成的政策に分ける4類型が知られている**（T.ローウィの学説に基づく）。

①分配政策とは，公的資源の分配にかかわる政策である。公共財の供給や民間活動の活性化に向けた補助金支給などが該当する。

②規制政策とは，社会問題を引き起こす活動を制限する政策である。交通規制や食品の安全に関する規制などが該当する。

③再分配政策とは，社会的格差の是正に向けた政策である。累進課税や社会保障政策などが該当する。

④構成的政策とは，行政制度にかかわる政策である。行政改革や地域主権改革などが該当する。

このうち④以外は，政策論で普通に使われるタームである。特に③の「再分配政策」は，経済格差の解消を意図した政策の総称として，かなり一般的に用いられている。

✏ 問題演習

ローウィは上記の政策の4類型を図のように「強制力の発動可能性」と「対象が行為か環境か」で整理している。A〜Dに①〜④を当てはめてみよう。

	行為	環境
強制＝低	A	B
強制＝高	C	D

解答は98ページ

第4章 政策分析の基礎

対　象

行為が向けられるもの

▶▶ 対象者を絞り込む！

政策論では「施策の対象者」を明確にすることを心がけよう。

理由は２つある。１つは疑念や批判の回避のためである。給付が伴う政策の場合，対象をはっきりさせないと，「バラマキ政策ではないか」との疑いを持たれてしまうのだ。

もう１つの理由は，自分の優秀さを示せるからである。施策の対象範囲を限定するには，対象者の利益・不利益や財政状況などに配慮することが必要になる。賢明な政策立案者であることをアピールするには好都合なのだ。

対象者を絞り込むときは，「たとえば」をつけてよいので，具体的に提案するようにしたい。「困っている人たちを対象に」などといった抽象的な言い方をしたのではダメである。反対に，「たとえば年収100万円以下の人たちを対象に」などと具体的に述べれば，リアリティのある議論になる。

具体的な数字を出すのが怖ければ，「一定所得以下の世帯に対しては」といった言い方でもよい。これでも所得を頭に置いて対象者を絞り込もうとしていることはよくわかる。「困っている人たち」よりは，ずっとまともだ。

▶▶ 基本は年齢と所得！

対象者を絞り込むためには，当然，なんらかの根拠が必要になる。個人に対する支援策の場合，よく使われる基準は「年齢」と「所得」である。

たとえば，「児童手当」の支給対象は，子どもの年齢条件では「中学校卒業まで」となっているし，一定の所得制限も設けられている。所得制限の基準については，夫婦・子ども２人世帯で「年収960万円まで」などと定められており，「子育て世帯の９割をカバーする」というのが根拠となっている。

また，政策論では，「きめ細かい

要件

施策の対象を一定の条件に合った人や企業だけに限定することがある。この際，行政に認められるための条件を「要件」と呼ぶ。施策によっては，要件を緩和したり強化したりすることで対象範囲を調整することがある。政策論では「育児休業給付の支給要件を緩和すべきだ」などと使う。

対応」の必要から，一部の対象者を分けて考えることも多い。たとえば生活保護世帯を別扱いにすることで，低所得者への配慮を施策に加えるのである。

　実際，テレビ放送のデジタル化に伴い，総務省は「デジタルテレビを購入できない人たち」に簡易チューナーの無償給付を実施した。その対象は「生活保護を受けている世帯や一定の要件を満たした障害者世帯など」であった。

　こうした配慮は，政策案の緻密さを物語っている。見習うべきだ。

▶ 対象品目や実施期間を絞り込む！

　政策論で絞り込むべき対象は，人や企業だけではない。**施策の内容によっては，対象となる「品目」についても範囲を限定する必要が出てくる。**

　たとえば，家電リサイクル法の対象品目は，エアコン，テレビ，冷蔵庫・冷凍庫，洗濯機・衣類乾燥機といった大型家電だけである。一方，有用金属の回収を目的とした小型家電リサイクル法の対象は，デジタルカメラ，ゲーム機，携帯電話などである。リサイクルを促進するためとはいえ，何から何まで含めてしまうとコストがかかりすぎる。だから限定しているのだ。

　同じように対象を限定している政策はたくさんある。外務省は外国人が入国する際の査証（ビザ）を免除する国を指定しているし，日本の生態系を破壊する外来生物に対する規制は「対象となる生物」を指定している。

　また，**施策の対象には時間も含まれる。**施策によっては対象となる期間を限って実施されるものがあるのだ。近年の例では，コロナ禍からの景気回復を願って実施された「全国旅行支援」がそうだった。

　ちなみに，政策論では，民間企業が商品を売るときのように「期間限定」は使わない。「実施期間を定めて」というような言い方をするのが一般的だ。

　いずれにしても，政策を議論するときは，対象品目を定める必要はないか，対象期間を定める必要はないか，などと考えてみるべきだろう。政策討論ではだれかがアバウトな意見を言ったら，「対象を絞り込む必要はないのか」などと問いかけることも有効だろう。

🖊 問題演習

　企業に対する規制や支援では，対象企業を限定することがある。「中小企業」や「大企業」といった言い方では不明瞭なので，何かはっきりとした基準を設けたい。基準をいくつか考えてみよう。

解答は98ページ ▶

TERM 15

ニーズ

必要性

▶▶ 政策案は「大義」か「ニーズ」で正当化する！

　政策論ではニーズを意識することが大切である。すでに「無駄」のところで述べたように，ニーズがなくなったのに政策を変更しなければ，無駄の温床になってしまう。「意向」のところで述べたように，市民のニーズを考慮せずに新たな政策を導入すると，それは官僚の独善だと批判されかねない。

　政策の導入や変更は，一般に「大義」か「ニーズ」によって正当化される。「議会で決まったから」という形式的正当性を別にすれば，政策の目的は，この２つのどちらか，あるいは両方を使って説明されるのが普通である。

　「大義」とは，「環境保護」のような尊重すべき大切な価値である。自治体行政でなら，「地域の活性化」も大義になる。

　「大義」の特徴は「大半の人が反対しづらい」ことだ。実施することに「大きな意義」があるのだから，政策の正当化にはうってつけなのだ。

　もう１つの正当化の手段は「ニーズ」の指摘である。公共サービスは国民や住民のニーズを満たす形で提供されるべきものだから，**国民や住民からの「必要としている」という意思表示があれば，それに応える政策は正当化される。**

　たとえば，日本には保育所を利用したくても利用できない保育所待機児童の問題がある。待機児童がゼロにならない以上，社会に保育所のニーズがあることは間違いない。保育所は児童福祉施設である。行政がその設置に積極的に動いても，十分に正当化されるだろう。

▶▶ 大義とニーズの欠点を踏まえて議論する！

　大義とニーズは，広い意味では，どちらも政策の必要性を示すものである。両者の違いは，多くの場合，ニーズが調査や予測をもとに数量化

需要予測

　道路，橋，空港などの公共事業のニーズについては，通常「需要予測」をつくって判断材料とする。利用者数は施設ができるまで不明なので，あくまでも予測である。

　過去には，建設を前提とした「都合のよい見通し」を作為的に算出したケースも見られた。また，経済成長を前提として算出された需要予測が，結果的に大誤算だったというケースもあった。公共施設の建設が話題になったら，「需要予測」を慎重に行うことを提案するとよいだろう。

しようとするのに対し，大義はあえて数量化しなくても説得力を持ちうる，という点だろう。そのためか，「ニーズ」は公共政策論で好まれ，「大義」は政治論向きだと思われている。

実際，政策の必要性の議論で大義を強調すれば，合理的な根拠を示す必要性が薄らぐ。実際，日本の行政は，ニーズに乏しい交通インフラを「地域の活性化」の美名によって正当化してきた苦い歴史を持っている。反対に，住民が熱望する交通インフラの建設が，環境保護という大義による反対でなかなか進まないというケースもあった。こうなると問題は行政の領域を出てしまう。政治的決着を図るしかなくなる。

したがって政策論では，**できるだけ大義に依拠せず，冷静にニーズの有無を見極めるような議論を展開するようにしよう**。大義に触れることはかまわないが，一言の大義で政策の必要性を説明した気になるのは危険である。

▶ ニーズには「プライオリティ」をつける！

もちろんニーズを示すにあたっても，難しい点はある。「住民のニーズに基づく」とは言っても，それが切実なものかどうかはわからない。「必要か」と問われれば，それほどでなくても「必要だ」と答えるかもしれないからだ。

しかも，需要は新たに掘り起こすことができる。ゆえに，「将来のニーズを踏まえて早めに施策を講じておくべきだ」という主張も不可能ではない。

このように，政策の根拠にするはずのニーズにも，合理的とは言えない点がある。したがって，ニーズの有無や程度については，「慎重に見極めている姿勢」を大切にしたい。「絶対みんな必要としているから，やりましょう」といった安易なニーズの推測は，やらないほうが賢明だ。

政策論では，いろいろなニーズがある場合，「緊急性」などを基準に，優先すべきものをはっきりさせる。**使うべきタームは「プライオリティ（優先順位）」である**。

政策討論で「住民のニーズ」の名のもとに多くの意見が出たときには，プライオリティの検討を呼びかけてみよう。「ニーズがあることはわかるが，プライオリティが高いとは言えないのではないか」といった指摘で，提案を整理していくのだ。討論相手には悪いが，試験官には好印象のはずだ。

🖉 問題演習

　自治体が運営するコミュニティ・バスが各地で運営されている。どういう住民のどういうニーズを想定して実施されているサービスなのだろうか。

解答は98ページ

第4章　政策分析の基礎

調　査

実態・動向などを明らかにするために調べること

▶ 実態や動向を指摘する！

　政策論を展開するときには，対象がだれか，ニーズはどのくらいあるのか，などをはっきりさせたほうがよいと述べた。それにはデータが必要だ。

　実際の政策立案では，なんらかのデータがないと議論は進まない。何もなければ，調査してでもデータを集めることから始めるのが普通だろう。

　言うまでもなく，政府や自治体の行政についての時事知識は，論述や討論の強い味方である。**もし大まかにでも最近のデータが頭に入っているのなら，積極的に使って，論述・討論に箔をつけるべきだ。**

　自殺対策の例で言えば，「自殺者数が毎年2万人程度からなかなか減らない現状を考えれば〜」などと議論を進めていくのである。議論が説得力を増すことは間違いない。

　もちろん，「統計数値をたくさん暗記すればよい」という話ではない。政策論はやはり内容勝負で，「データがあれば勝ち」というものではないからだ。

　だが，せめて主要政策分野については，**近年の「実態」や「動向」を踏まえて議論できるようにしておきたい。**「日本に来る外国人旅行者の多くは中国・韓国・台湾からの旅行者だ」，「交通事故死者数の約半数は高齢者だ」（実態）とか，「DV（家庭内暴力）が増えている」，「児童虐待が増えている」（動向）といったレベルの知識で十分だろう。この程度でも，「虐待されている子どもは多い」といった漠然とした指摘よりは断然説得力がある。

　（行政の時事動向について，知識に不安がある人は，ぜひ『公務員試験 速攻の時事』で勉強してください。）

 モニタリング調査

　「モニタリング」とは日常的・継続的に行われる点検や監視のことである。変化があることを前提に「どの程度の変化か」を明らかにするのが，「モニタリング調査」のねらいである。放射線量や生態系の変化などを調べるときに，よくこのタームは使われている。そのためか，専門的な機器を使って科学的に調査するものだけが対象と思われがちだが，そうとは限らない。自治体によっては「市政モニタリング調査」を実施しているところもある。市民による日常的な「行政の点検・監視」を求めているのだろう。

▶ 調査の必要性を指摘する！

出題テーマを見て，現状について何か書いたほうがよいと気づいても，実態や動向を知らなければどうにもならない。その場合は，**謙虚に「データ」や「調査」の必要性を指摘しよう。**「詳しくはデータを見て判断するとしても」とか，「住民に対する意向調査を行ったうえで」などと書いておくのである。

その際，「どういうデータを参照すべきか」，「どういう調査を行うべきか」などについて具体的なアイデアがあるなら，ぜひ書き加えておこう。たとえば「物価の動きにも注意しつつ」とか，「既存の施設については利用率を調べたうえで」といった一言だ。

ポイントは，データや調査の重要性に対する理解を示すことである。政策研究の初期の提唱者である政治学者のH.ラスウェルも，政策過程の第一段階は「調査」であると述べている。調査を軽視した政策論は，きっと「基本がなっていない」と判断されてしまう。それだけは避けたい。

▶ アンケート調査を提案してみる！

調査にはいろいろな種類がある。「どんな調査をするべきか」を指摘するときのために，タームの確認をしておこう。

数量として明確に記述できるものは「統計調査」の対象である。人口や生産量などについては，行政機関が「統計」を取っている。

住民の意向の調査方法には，「世論調査」や「アンケート調査」がある。一般的には，調査対象者を統計学的にきちんと抽出して行うものを「世論調査」と呼び，利用者など特定の人だけに意見を書いてもらうような調査を「アンケート調査」と呼んでいる。イベントをやった後に「どうだったか」を尋ねたければ，やるべきは「世論調査」ではなく「アンケート調査」だ。

政策討論では，施策の対象者のニーズがはっきりしない場合，「アンケートを取ってみる必要」を指摘してみるとよいだろう。

（余談だが，各府省も各自治体もいろいろな統計を取っている。論述・面接対策の一環として，統計研究をしてみることをお勧めする。）

✎ 問題演習

公立図書館の運営について，利用していない人を念頭に，自治体のウェブサイトでインターネットを使ったアンケート調査を実施することとなった。得られたデータを検討する際に注意すべき点は何か。

解答は98ページ ▶

第4章 政策分析の基礎

TERM 17

利　害

利益と損害

▶「利害関係者」はたくさんいる！

　行政が実施する政策には，必ず「利害関係者」が存在する。しかも，彼らはしばしば「利害対立」を起こす。本来，利害調整は政治家の仕事だが，実際には行政が対応を迫られることも多い。

　政策論では，できるだけ多くの「利害関係者」を意識するようにしよう。施策の対象者だけでなく，施策からたとえ間接的であっても影響を受ける人がいたら，その人たちの利害も考えてみるべきだ。

　たとえば，農作物を荒らすサルが畑に入らないように，なんらかの対策が求められていたとする。そこで役所は，夜間，一定時間ごとに空砲音による威嚇を実施すると決めたとする。農家は喜ぶだろう。しかし，近隣の観光旅館は，きっと「夜の騒音は営業妨害だ」と言ってくる。さらに，動物愛護団体が「サルに精神的苦痛を与える」などとしてクレームを出してくるかもしれない。とにかく何か決めると，いろいろな「利害関係者」がいろいろなことを言ってくるのが普通なのだ。（ちなみに，現在こうした「爆音機」については，利用を制限している自治体が多い）。

　重要なのは，さまざまな「利害関係者」がいることと，彼らの主張を想定することである。そして，どの関係者とどの関係者が何をめぐって「利害対立」しているかを考えることである。

▶ 代表的圧力団体の利害を 考えてみる！

　業界レベルの利害を代表する存在に「業界団体」がある。こうした団体が政治家などを通じて政策決定に圧力をかけてくると，一般に「圧力団体」と呼ばれる。経営者団体，労働組合，農業協同組合などは，日本

ステークホルダー

　「利害関係者」のことを「ステークホルダー」と呼ぶことがある。民間企業由来のタームである。企業の社会的責任（CSR）という考え方のもと，株主（シェアホルダー，またはストックホルダー）だけでなく，従業員，取引先，地域社会などのステークホルダーの利益も，企業は気にするようになった。企業にとっては自治体もステークホルダーであり，自治体にとっては企業もステークホルダーである。官民協働の意識は双方から醸成されている。

を代表する「圧力団体」である。（最近は，「圧力」という言葉が悪い意味を持つので，政治学では「利益団体」や「利益集団」と呼んでいる。）

そのほか，主義主張の実現のために政治的影響力を行使しようとする団体もある。環境保護団体や消費者団体などだ。これらも政策決定過程に「圧力」をかけてくる。

政策論では，しばしばこうした多様な利益団体の利害を考える必要が出てくる。 自分の政策論がどの団体の「利」に結びつくか，あるいはどの団体に「害」を及ぼすかを見極め，それを踏まえて議論を進めなければならないのだ。

次善の策

「政策」には「次善の策」と呼ばれるものもある。利害対立などが収まらず，「最善の策」が実施できなかったときの措置の1つだ。もちろん，ベストでなければ「やらない」という結論を選ぶこともできる。だが，なんらかの対応が求められる行政課題に取り組んでいる場合には，「何もしないよりは，何かしたほうがよい」ということもある。「次善の策」は，そういう状況における政策決定を政策立案者が納得するときに使うフレーズだ。

▶「害」には政策的配慮をする！

業界団体どうしの利害対立でよく話題になるのは，貿易自由化を求める製造業の経営者団体と，安価な海外農産物との競争からの保護を求める農業団体との対立である。政策論の課題でTPP（環太平洋パートナーシップ）協定が出たときなど，真っ先に頭に思い浮かべるべきは経団連と農協の対立だ。

国益増進のために打撃を受ける産業が出る場合，**政策論では利害の「害」のほうを引き受ける団体になんらかの「政策的配慮」をしなければならない。** このケースでは，貿易自由化を優先させるなら農業支援策をとるべきだし，食料自給率を優先させるなら輸出産業支援策を考える必要が出てくる。

支援策以外では，「なんらかの損失補償をする」という提案もできる。ただし，この場合は過剰な「見返り」に思われないように気をつける必要がある。

📝 問題演習

国や自治体が経営する公営企業の事業については，競合する民間企業などからしばしば「利益を奪われている」とのクレームが出る。このような「公共部門が民間部門の事業に悪影響を与える現象」については，「民業○○」という批判的な常套句が用いられることが多い。○○に当てはまる言葉は何か。

解答は98ページ

トレードオフ

一方を達成するには他方を犠牲にしなければならない関係

▶ 複数の政策目標の関係を考える！

　政策目標や理念がいくつかあるとき，1つを達成しようとすると，別のものの実現が難しくなることがある。**目標Aと目標Bがこうした関係にあるとき，「AとBはトレードオフになっている」と言う。**

　たとえば，住民サービスの充実のために，「窓口における待ち時間の短縮」と「窓口における丁寧な応対」の2つを実現すると決まったとしよう。だが，考えてみると，待ち時間短縮に力を入れすぎると，応対が雑になったと住民から非難されかねない。反対に，対応するスタッフの数が限定されているなかで，住民一人ひとりの話を丁寧に聞いていると，ほかの住民の待ち時間が長くなり，やはりクレームが出てしまう。つまり，待ち時間短縮と丁寧な応対はトレードオフになっている。一気に両方を実現することは，人員を増やせれば別だが，なかなか難しい。

　経済学でのトレードオフの有名な事例は，短期でのインフレーションと失業の関係を示した「フィリップス曲線」だろう（図参照）。インフレ率と失業率をそれぞれ縦軸と横軸にとると，両者の関係は右下がりの曲線となる。

　つまり，失業率が低いときにはインフレ率は高いし，失業率が高いときにはインフレ率は低い，という関係にある。このように，インフレ率と失業率は二律背反的な関係，すなわちトレードオフになっている。

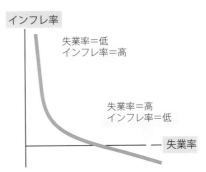

フィリップス曲線

インフレ率

失業率＝低
インフレ率＝高

失業率＝高
インフレ率＝低

失業率

▶ 政策論では「トレードオフ」を使う！

　たしかに，政策目標Aの達成のために政策目標Bが犠牲になることは，「トレードオフ」というタームを知らなくても指摘できる。政策目標Aの「導入に伴う問題」として「政策目標Bに悪影響が出る」などと言えれば，それでもよい。政策目標Aの「短所」としてBへの悪影響が考えられると主張してもかま

わない。

　しかし，こうした言い方では，Aのレベルが上がるとBのレベルが下がり，Bのレベルが上がるとAのレベルが下がるといった関係が表されていない。両者の関係を的確に把握したうえでの議論には見えない。

　その点，**政策目標AとBがトレードオフになっていると指摘できれば，政策の分析力や理解力が際立って見える**。しかも，2つの政策目標の達成度が上下に，そして反対方向に動くといった考え方に立てば，量的な基準を持ち込んだり，反対側からの見方（＝政策目標BからAを考える）を提示したりすることも可能になる。

　だから，2つの政策目標や理念がトレードオフの関係にあることに気づいたら，「AとBはトレードオフになっていますからねぇ～」という言い方を用いよう。そのほうが，一段上の政策論を展開しているように見えるはずだ。

第4章　政策分析の基礎

▶▶ トレードオフでは両方の政策に言及する！

　最近の日本の政策課題からトレードオフの具体例を挙げておこう。

　まず，食料自給率の向上とCPTPP（包括的・先進的な環太平洋パートナーシップ）協定の締結などによる市場開放は，この関係にある。諸外国と自由貿易協定などを締結して貿易の自由化を図れば，製造業などの輸出産業にとっては利益が多い。だが一方で，農産物などの輸入増加によって，食料自給率が低下する可能性が出てくる。

　脱原発と電力確保という2つの政策目標もトレードオフになっている。脱原発を急速に進めると，電力確保が難しくなる。電力確保を優先させれば，脱原発に向かう動きを止めるか，緩慢にするしかない。

　こうした政策課題については，**トレードオフになっている2つの政策目標が両方とも簡単に実現できるような言い方は，控えたほうがよい**。どちらかを優先させる場合にも，一方的にならないよう，もう一方の政策課題についても対応策をきちんとまとめるようにしたい。

✏️ 問題演習

　市町村合併は，規模の拡大による効率化や対応能力の向上をもたらす。反面，自治体が大きくなれば犠牲となる価値もある。地域政策を考えるうえで重視すべき価値のうち，規模拡大によるメリットとトレードオフの関係にあるものは何か，答えてみよう。

解答は98ページ ▶

・ターム13「公共政策」 ·· p.87

	行為	環境
強制＝低	①分配政策	④構成的政策
強制＝高	②規制政策	③再分配政策

分配政策（補助金支給など）と規制政策（安全規制など）は，個人や企業の「行為」を対象としている。構成的政策と再分配政策は，「環境」を整える政策である。一方，「国家による強制力の発動」については，損害を受ける者がはっきりする規制政策と再分配政策でその可能性が高いと考えられる。

・ターム14「対象」 ·· p.89

企業の規模に関するものなので，資本金か従業員数を基準とするのが自然である。業界によって平均的な企業規模に違いが見られるので，そうした観点を加えてもよい（実際，法律上の中小企業の定義はそうなっている）。一般に雇用に関する政策については，対象を「従業員○○人以上の企業」などと従業員数で絞り込むことがよくある。

・ターム15「ニーズ」 ·· p.91

高齢者や障害者などが役所や病院といった公共施設に出向くときの「公共交通ニーズ」を満たすサービスと考えられる。

・ターム16「調査」 ·· p.93

サンプルにいろいろな偏りが出ることが想定される。特にインターネットを用いた調査では高齢者の意見が反映されにくい点に注意すべきだろう。

・ターム17「利害」 ·· p.95

「圧迫」が正解。

・ターム18「トレードオフ」 ··· p.97

「地域の独自性」のような要素を挙げるのが一般的だろう。

PART Ⅲ
政策論の基礎

第5章
政策の価値

この章では,
政策論でよく使われる価値に関するタームを取り上げる。
行政では価値観をめぐってどのような考え方をするのか。
これを理解できたら,
この章はクリア!

公共性

社会の利害にかかわる性質

▶▶「公共性」は究極の大義である！

公務員は「公共性」の高い仕事に従事している。「公共の利益」，つまり「公益」のために働いている。当然，公務員は自分の私利私欲を満たすために行動してはならない。公私混同は許されず，それが金銭にかかわるものであれば，公金横領で罪に問われることにもなりかねない。

ところが，公務員は仕事上，「他人の私利私欲」には関与することがある。行政は特定の業界の利益になるような補助金の支給や規制の導入を決定することがある。この場合，公私は混同しているように見える。公金が特定の人たちの財布を満たすこともあるからだ。

本来，こうした行政活動は「公共性」が認められる場合にのみ容認される。自然災害などによって特定の産業が大きな被害を受けたとき，行政が一時的な救済措置として経済的支援を行うことがある。これは，その産業がその地域に必要だから，「公共性」の名のもとに正当化されているのだ。

困っている人を助けるのはまだしも，困っている大企業を救済することについては，果たして「公共性」が認められるのかが，よく議論になる。もしその大企業が金融機関で，経営破綻によって社会に広く害が及ぶことが明らかならば，被害を未然に防ぐことには「公共性」が認められるだろう。きっとその金融機関には「公的資金の注入」が行われるはずだ。

「公共性」とは社会の利害にかかわる性質のことである。だから，**社会全体に利益が及ぶと思えるのであれば，あるいは社会全体に害が及ぶと考えられれば，「公共性」の名で行政の活動や施策は正当化できる。**究極の大義である。

問題は「公共性」の判断がかなり恣意的になされることにある。だか

 公益性

「公益」という言葉は「公共の利益」を縮めたタームである。この場合の「公共」は必ずしも「社会全体の利益」に直結していなくてもよい。社会から求められていることを，社会に開かれている形で提供していれば「公益性」は認められる。たとえば，特定の難病児の支援をしているNPO団体は，対象が少人数であっても，「公益」のために活動しているとみなされる。

なお，公益の増進を図る団体は，「公益法人」として認定を受けることができる。税制上の優遇措置などがある。

らこそ，よしあしは別として，施策を正当化する大義として，このタームは便利に使われている。論述・討論でもチャンスがあれば使ってみるとよい。

なお，「公共性」というタームを使うときは，普通「ある・なし」か「高い・低い」をつける。特定のケースに適用する場合には，「認める」とセットで使うことも多い（前ページでも使っている）。

一方，特定の事業の「公共性」を指摘する場合，公務員たちはしばしば法律の条文によくあるように，「かんがみる（鑑みる）」をつける。「カガミに照らしてはっきり見る」の意味で，「通信事業の公共性にかんがみ」などと使う。ただし，これは古い言い回しなので，設問で使われたときに理解できるだけでよい。自分が論述・討論で同じ内容を言うときは，「通信事業には公共性があるので」などと，「ある・なし」でかまわないだろう。

▶「公共性」を行政だけのものとは考えない！

「公共性」の高い活動は，なにも行政だけが担っているわけではない。今や多くの個人や企業が，私利私欲を離れ，社会全体に役立つ活動をしている。先に，「公」が「私」を「公共性」の観点から助けることを述べたが，反対に「私」が「公共心」を持って「公」を支えることも多い，ということだ。

実際，自主的に無償の社会奉仕活動をする個人，すなわち「ボランティア」はたくさんいる。その団体もたくさんある。最近では「ボランティア団体」ではなく「NPO（非営利団体）」と呼ぶことが多くなった。

一方，企業も公共心を持って社会貢献活動をしている。これは「フィランソロピー（philanthropy）」と言う。企業が出資などして行う文化活動である「メセナ」と勘違いしないようにしたい。

いずれにしても，行政だけが「公共」を担っているような言い方はするべきではない。すでに第1章で述べたように民間との「連携」は当然視されている。これから第5章で述べるように，「官民協働」はあちこちで進められている。多くの人たちの協力と協働の上に，「公共」は築かれるものなのだ。

✐ 問題演習

公共性が高い事業のなかには民間企業が提供しているものがある。電力，ガス，交通，通信などのほか，上記の金融もそうだろう。ほかには，どんな民間事業が「高い公共性」を持っていると考えられるか。

解答は112ページ ➡

第5章 政策の価値

公 平

偏っていないこと

▶▶「平等」より「公平」を使う！

　政策を考えるときは，その政策の導入によって「不公平」が生じないように配慮しなければならない。国民・住民のなかには，税制を含む行政の現状について「不公平感」をいだいている人も多い。新しい政策案に少しでも「不公平」を感じさせる部分があると，彼らからは即座に拒否反応が返ってくるに違いない。政策論を述べるときも，「公平」への配慮は不可欠だ。

　「公平」は「平等」とは違う。平等は「みんな等しいこと」である。日本国憲法は，「法の下の平等」の基本原則を示し，さらに男女の本質的平等や選挙権の平等を掲げている。

　「平等」が実現していない場合，そこには「不平等」または「差別」がある。選挙権の平等に「1人1票の原則」だけでなく「投票価値の平等」も含まれるとすれば，「1票の格差」はあってはいけない不平等となる。また，もし男女の本質的平等への配慮に欠けた行動をすれば，「男女差別」だと批判されなければならない。

　ちなみに，「平等」については，貧富の格差を完全になくすようなことを「**結果の平等**」（実質的平等）と呼び，同等のチャンスを与える「**機会の平等**」（形式的平等）と区別する。「結果の平等」を模索する政治思想もあるが，実際には能力によって差が出る人間の営みにこれを当てはめる政策は，ほとんど実現しない。国民すべてが同じ額の賃金をもらい，同じ額の税金を納め，同じ額の年金を受け取るといった極端な平等政策は，人間の能力の多様性を考えれば，ありえないことなのだ。

　したがって，政策論で重視すべきは「機会の平等」である。たとえば，男女は本質的には平等でも，雇用政策のうえでは「機会均等」を図ればよいのである。政府が「男女平等社会」ではなく「男女共同参画社会」を使うのも，完全な「結果の平等」を求めていると誤解されないよ

公正

　「公正」とは「ごまかしがないこと」である。反対語は「不正」だ。このタームは一般に取引や競争に対して使う。たとえば，裏取引や闇取引は，政治でも経済でも「不正」として問題になる。なお，不正な商取引に対しては，内閣府の外局である公正取引委員会が是正勧告などを行う。

うにするためだ。

　いずれにしても，「機会の平等」は当然の議論であり，「結果の平等」は**無理な議論になる**。ならば，政策論では「平等」を多用する必要はない。意識すべきは，むしろ「公平」だ。

▶▶「公平」は2つの観点で論じる！

　「公平」には2つの見方がある。**「水平的公平」**と**「垂直的公平」**だ。水平的公平とは「等しいものを等しく扱う」ことである。一方，垂直的公平は「等しくないものを等しくなく扱う」という意味だ。

　同じアルバイトで，同じ時間，同じように働いたら，同じ賃金をもらえるのが「水平的公平」である。そうでないと不公平だ。

　一方，長時間働いた人が短時間働いたより賃金を多くもらうのは，「垂直的公平」である。これもそうでないと不公平だろう。もし労働量の差を賃金に反映させず，同じ金額を渡すなら，**それは「悪平等」**だ。

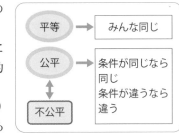

　男女は本質的に平等だが，飲み会で口にする酒の平均量には男女差があるだろう。ならば，男性が参加費を多く払うことは，不平等ではあっても，公平であるとみなせる。

　政策では，特に税制でこの「公平」がよく問題となる。「水平的公平」の観点からすれば，同じ経済状況にある人たちが同程度の税負担を負うのが当然となる。したがって，特定の人たちだけが有利となる「優遇税制」は，政策目的に「公共性」がなければ「不公平税制」となる。

　一方，「垂直的公平」の観点からすれば，異なる経済状況にある人たちには，異なる税負担を求めてもよい。ようするに，貧富の違いがあるのなら，所得に応じて税率に違いがあっても不公平ではない。

　ただし，この場合，それぞれの所得階層の人たちが，どの程度の負担をするべきかの基準ははっきりしない。実際の施策の具体的内容を決めるうえではそこが難問だ。

✏️ 問題演習

　行政サービスの利用者負担については，「応能負担」と「応益負担」の区別がある。どういう違いがあるのか，答えてみよう。

解答は112ページ ▶

第5章 政策の価値

小さな政府

行政の規模や権限の縮小を求める思想

▶▶「小さな政府」は冷たく見える！

　政策の必要性は，理想とする政府の在り方によっても違ってくる。特に問題となるのは，**政府の規模についての価値観だ**。

　これについては「小さな政府」と「大きな政府」というタームがよく使われる。誤解しやすいタームなので注意しよう。

　まず，負担と給付の観点から両者の違いを見てみる。政府規模の大小は，それを支える経費の多少と相関している。よほどの資源国でなければ，この経費は国民が負担する。

　ゆえに，「小さな政府」では負担は比較的少なくて済む。ただし，社会保障などの給付の充実は期待できない。自助努力が重視され，「低福祉・低負担」になりやすいのだ。それゆえ，福祉の充実を求める人たちからは，「冷たい政府」だと思われることも多い。

　ならば，反対の「大きな政府」は「高福祉・高負担」になるかというと，そうとは限らない。**政府の規模が大きくなると，それ相応の無駄も出てくる**。財政支出がどんどん福祉サービスに向かうなら「高福祉」になるかもしれないが，公共事業など別の用途にばかり使われれば，「低福祉・高負担」になる可能性だってある。

　ポイントは政府が立脚する政治理念である。「結果の平等」にも気を配るという意味で社会民主主義的な政府であれば，「大きな政府」はスウェーデンのような高福祉・高負担を実現させるはずだ。

　ちなみに，「小さな政府」を支持する政治理念の代表は「新自由主義」である。この立場の人は，市場競争による活力を重視し，国家による社会への介入は基本的に少ないほうがよいと考える。

第三の道

　イギリスでは，1960〜1970年代，労働党政権が産業の国有化と社会保障の充実を図ったが，その結果，経済が停滞した（イギリス病）。そこで，1980〜1990年代，保守党が新自由主義に基づく政策を採用したが，今度は格差が生じた。そのため，1997年からの労働党のブレア政権は，市場の効率性を重視しながら，教育などの機会付与で格差の是正を目指す「第三の道」を提唱し，実行した。1つのモデルとして，その後，各国で類似の政策が採用されている。

▶▶「大きな政府」は危険に見える！

政府の大小の実像は，財政規模と公務員数などからも判断できる。この観点からすると，欧米諸国との比較において日本はまだ「小さな政府」である。

にもかかわらず，「大きな政府の実現に向けて頑張ろう」という話はあまり出てこない。それは，高齢化の進展に伴い，放っておいても「大きな政府」の方向に向かっていくからだ。しかも，「低福祉・高負担」型の「大きな政府」になる心配もぬぐい去れない。

行政改革

行政の問題点を是正する努力については，一般に「行政改革」という言い方が使われている。

2013年，政府は「行政改革推進本部」を設置（首相を本部長として全閣僚が参加）。さらに，この本部の下に民間の有識者らも加わる「行政改革推進会議」を置いて，行政改革を積極的に進めている。

課題は，国・地方・民間の役割分担の再検討，業務見直しの徹底，調達の改善など。柔軟に政策を見直し改善していくアジャイル型の政策形成・評価の導入といった新しいテーマにも取り組んでいる。

理屈はこうである。今後，政府から高齢者への給付額は確実に増え続ける。それを支えるための国民負担も増えていく（＝高負担になる）。しかし，あまりにも多くの負担を現役世代にかけるわけにもいかない。一方で，受給者数はどんどん増える。あとは個々の受給者が受け取る給付額を減らすしかない（＝低福祉になる）。

負担増にしても給付減にしても，それを実施するためには，まず行政の無駄を削減しなければ国民は納得しない。だから，「行政の無駄の排除」は，政府が真っ先に取り組むべき重要課題とされているのだ。

ちなみに，行政改革推進法は「簡素で効率的な政府」を目指すとしている。おそらく政府の大小の議論には意味がないと見て，こういう言い方をしているのだ。

いずれにしても，今の時代，むやみに「大きな政府」を唱えることは時流に反している。もし高福祉路線を主張するのならば，同時に「政府の簡素化や効率化も追求すべきだ」と付言しないとマズイだろう。

🖊 問題演習

公的年金の給付総額の抑制には，給付金額の引き下げ以外にも方法がある。なんだろうか。

解答は112ページ ➡

第**5**章　政策の価値

民　主

国民に主権があること

▶▶ 政策論は「民主的」でよい！

　政策を決めるプロセスは「民主的」であることが重要だ。行政が国民・住民の意見を聞こうとせずに勝手になんでも決めてしまうのでは，やはり「非民主的」と非難されるだろう。

　国民・住民の意向は，形式的には議会を経て政策に反映されていく。日本が採用している間接民主主義のタテマエではそうなる。この場合，施策の実務を託された公務員は，基本的には議会の多数派や行政の長の主張を気にかけていればよいことになる。施策の是非を審議し判断するのは，議員や長なのだ。

　だが，実際の行政はもっと「民主的」である。施策を考えるとき，公務員は国民・住民の意向やニーズに沿ったものにしようとするし，施策を実施するときには国民・住民との協働も大切にしている。こうした民主的な態度をとることは，今の行政には不可欠になっている。

　したがって，**政策論を展開するときは「民主的な姿勢」を示してかまわない**。実際，行政の現場では，「住民の意向を踏まえて」と発言したからといって，「議会軽視でけしからん」と批判する人はいない。もし政策討論で国民や住民といった単語がしばらく出てこない状況が続いたら，民主主義の観点からの指摘をしてみるとよい。

▶▶ 「民主」を唱えるときは慎重に！

　もちろん，なんでもかんでも「直接民主的に決めればよい」という主張は，間接民主主義がタテマエである以上，さすがに望ましくない。「住民の意向を踏まえる」まではよいとしても，「じゃぁ，周辺住民に決めてもらって」というわけにはいかないのだ。

　たしかにこれまで，**自治体が条例**

世論

　「世論」とは，社会問題に関する国民・住民の多数派の意見である。政策をめぐる議論では，「世論の支持が得られるか」，「世論の動向を踏まえているか」などと使う。

　行政は，世論に迎合する必要はないのかもしれないが，かといって世論を無視するわけにもいかない。ある施策について反対の世論が強ければ，世論に従って施策を修正するか，あるいは「世論の風向き」が変わるよう，説明や説得を行う必要が出てくる。

を定めて特定の政策について賛否を問う住民投票を実施した例はいくつかある。だがこれは，住民の意思を参考までに確認するための投票で，住民に政策決定権を付与したわけではない。長や議会が「結果を尊重する」とあらかじめ約束することで，実質的に住民の意思が政策決定に結びつくようにした「苦肉の策」なのである。

この種の住民投票には，俗に言う「迷惑施設」の建設・存続について住民が反対していることを明確にす

迷惑施設

周辺住民が，自分たちの居住地域には建設してほしくないと思っている公共施設。通常，住民たちもその必要性は認識しているが，居住環境の悪化などを理由に挙げ，とにかくほかのところにつくってほしいと願っている。なお，迷惑であるかどうかは住民が判断することなので，行政が率先して「迷惑施設」という言葉を使うことはない。

ちなみに英語では「NIMBY」と言う。「うちの裏庭はいやだ（Not In My Back Yard）」からつくられた造語である。

る目的で，政治的に利用されたものもある。争点は産業廃棄物処理施設の建設や米軍基地の存続で，当然のことだが，ほとんどの場合，結果は「住民の大多数の反対」となった。

▶ 多数決の限界を知る

民主的手続きでは多数決が重要になる。だがその際，全体の利益にかかわる問題を「一部の人たちの多数」によって決定しても，多数決による正当性は認められない。何かに反対する人たちだけが集まって多数決で反対を決議しても，それは一部の人の反対意見が表明されたにすぎないと考えるべきなのだ。

周辺住民から強い反対論が出た場合，**行政としては代替案を考えるか，あるいはひたすら「理解を求める」活動を続けることになる**。論述・討論でも，その程度のことしか言えないだろう。

ちなみに，施策の公共性と合理性が明らかな場合には，迷惑施設に対する反対運動のほうが，ほかの住民やジャーナリズムなどから「住民エゴ」や「地域エゴ」と批判される。ただし，こうした言葉は公務員のほうから積極的に使うものではない。論述・討論でも使わないほうが無難だろう。

問題演習

自治体が住民投票条例を定めて住民投票による是非の判断を求めたケースは，迷惑施設関連以外にもある。近年，全国でいくつもの自治体がこの手法を採用した重要政策課題とはなんだったか。

解答は112ページ

107

権利擁護

権利の侵害から守ること

▶️「ちょっとしたイベント」でも人権には配慮する！

　当たり前のことだが，**政策論では，他人の人権をおびやかす内容を書くわけにはいかない**。憲法99条により「憲法遵守義務」を負う公務員としては，基本的人権の尊重は当然の責務だからだ（実際，公務員として働き始めるときには，憲法遵守を含む宣誓をさせられる）。

　きっと「そんなこと書くわけない」と思っている人が多いことだろう。だが，落とし穴は意外なところにあるものだ。

　たとえば，自治体で「障害児のためのクリスマス会」を企画したとする。もしそこで，せっかくだからと，欧米社会におけるキリスト教の重要性を一緒に学び，ついでに「みんなで賛美歌を歌ってもらおう」という話になったとしよう。この企画内容だと，「憲法に定められた政教分離の原則に違反する」として，問題視する人がきっと出てくる。

　日本のクリスマスは宗教的な意味合いの薄い世俗的行事になっているので，公立図書館にツリーを飾るくらいなら，たぶん問題にはならない。だが，公金を使って子どもたちにキリスト教を学ばせ，特定の神を賛美する歌まで歌うとなると，「問題なし」とは言えなくなる。

　ちなみにアメリカでは，多くの企業や政治家が「メリー・クリスマス」と書かれたカードをもう使わなくなっている。キリスト教以外の宗教を信じている人たちに配慮した結果だという（その代わり12月には時候のあいさつ〔season's greetings〕のカードを送る）。

　では，観光政策の一環として「ミスター○○」のようなコンテストを実施することはどうだろうか。「男らしさ」のような価値観を広める活動として，男女平等の立場から反対する人が出る心配はないだろうか。

　最近では，各地の自治体や観光協会が，それまでコンテストで選んできた「ミス○○」を「○○観光大

 社会正義

　社会生活を送るうえで正しいとされる道理。社会行動の評価基準となる。ようするに社会的に「正しい道」なのだが，その内容は個人の倫理観にもよるので，政策論では使いにくい。同じく，「人としての道」である「人道」も，「人道支援」以外では，あまり使う機会はないだろう。

使」といった名称に変えたり，ミセスも応募できるようにしたりしている。よしあしはともかく，それが時代の流れである。

　ちょっとしたイベントでもやって地域を盛り上げよう…という発想で気軽に口にした案が，意外にも人権擁護の観点からは「引っかかる」ことがある。**政策論でイベントの提案をするときには，最低でも信教の自由と男女の平等くらいは気にかけたほうがよい。**

▶▶「権利擁護」を使ってみる！

　政策が人権をおびやかす可能性の話をしたが，行政はむしろ基本的人権を侵害されている人たちの「権利擁護」において，とても重要な役割を果たしている。児童虐待や高齢者虐待への対応もその1つだ。

　「権利擁護」の概念を広くとらえた場合，行政が担うべきことは3つある。まず，権利の侵害が実際にある場合には，これを解消する施策をただちに講じなければならない。また，権利の侵害のおそれがある場合には，これを予防する施策が求められる。さらに，権利侵害の有無とは関係なく，社会的弱者の権利の行使を支援する施策も必要だ。

　ようするに「権利擁護」については，権利侵害の解消，権利侵害の予防，そして権利行使の支援の3つを考えなければならないのである。

　たとえば，虐待やいじめに遭っている子どもからの電話相談事業を行っている自治体がある。これは「権利侵害の解消」を主たる目的とした権利擁護事業である。また，自己の権利を表明することが難しい認知症の高齢者や知的障害者の「権利擁護」を積極的に行っている自治体もある。具体的には，悪質商法の被害者にならないように成年後見制度の利用を勧めたり，福祉サービスを利用する際の手続きを助けたりするのだ。この場合，前者は「権利侵害の予防」，後者は「権利行使の支援」に当たる。

　政策論で福祉関係の話題が出たときには，「権利擁護」に思いをはせよう。書くべきことや言うべきことが，きっと見つかるはずだ。

✏️ 問題演習

　「○○○基本法」の第1条には次のような記述がある。「この法律は，○○○と事業者との間の情報の質及び量並びに交渉力等の格差にかんがみ，○○○の利益の擁護及び増進に関し，○○○の権利の尊重及びその自立の支援その他の基本理念を定め…」。さて，ここで権利擁護の対象とされている○○○には，どんな言葉が当てはまるだろうか。

解答は112ページ ▶

TERM 24

安全・安心

危険や不安がないこと

▶▶「安全・安心」は安心して使える！

　政策に価値づけする際，最近よく利用されるタームに「安全・安心」がある。どちらかだけのこともあるし，順番が「安心・安全」だったりすることもあるが，とにかくしょっちゅう使われている。

　国では，多くの府省で，政策理念の説明に「安全・安心」を使っている。厚生労働省は「安全・安心で質の高い医療」を目指し，国土交通省は「航空における安全・安心の確保」を使命としている。財務省の関税局や税関は，銃や麻薬などが日本に持ち込まれないようにして「国民生活の安全・安心」を守っているし，文部科学省だって「安全・安心に資する科学技術の推進」を掲げている。

　中央官庁では，部局名にも「安全・安心」を冠したものがある。農林水産省には「消費・安全局」があり，経済産業省には「製品安全課」があるといった具合だ。多くは「安全」をつけているが，国土交通省には「安心居住推進課」，「安心生活政策課」と，「安心」をつけたものがある。ちなみに，この省には「安全」がついている課が９つある。

　自治体にも，「安心安全課」や「くらし安全安心課」などを置いているところがある。たいていは，交通安全，防犯，消防，災害対策を担当する部局だが，自治体によっては消費者保護も担当に含めている。

　明らかなことは，国民・住民の「安全・安心」は，行政においてはきわめて重要な価値になっているということだ。ならば，政策論でも大いに使うべきだろう。**課題を見たら，国民・住民の「安全・安心」に関連していないか，まずじっくり考えてみるとよい。**

パターナリズム

　父親的（paternal）な温情主義。温情は，強い立場の者が弱い立場の者に向ける思いやりである。行政で言えば，国家や自治体がいわば「父親」として「子」である国民・住民を保護し面倒をみる，といったイメージになる。

　「パターナリズム」では受ける側の意思はさほど重視されない。ゆえに，介入的・干渉的になることもある。「余計なお世話」となる場合もあるので，温情主義的な政策だから望ましい，というわけにはいかない。

▶▶「安全・安心」関連の政策課題は多い！

　そもそも現代国家の存在意義は，国民の「安全・安心」を守ることにある。自国民を苦しめている国がないわけではないが，それは政府に問題があるためであり，言い換えれば国家が本来の役割を果たせずにいるからである。

　限りなく「小さな国家」を望む人たちも，国家による国土の防衛や治安維持までは否定しない。これらが国家の基本的機能だからだ。

人間の安全保障

　「安全保障」とは，通常，軍事力によって国家を守る活動をさす。外交なども含める場合は「総合安全保障」という言葉を使う。いずれにしても，守るべきものは国家・国土・国民である。

　これに対し，国よりも一人ひとりの人間の尊厳や生活に着目した概念が「人間の安全保障」である。具体的には，貧困，環境破壊，感染症，テロなどの危険から個人の生活を守ることを意味する。日本政府も国際社会におけるこの理念の実現に積極的に取り組んでいる。

第5章　政策の価値

　また，現在では多くの人が，災害や感染症について，国家が対策をとることを当然だと思っている。また，農産物や製造物などの安全性についても，国家の監視や規制が必要だと考えている。どちらも「国民の命」を守ることに直接関係しているからだ。

　そのほか，「国民の生活」に安全・安心をもたらす政策もある。社会保障はもちろん，交通安全のための道路整備などもこれに関連する。雇用機会の確保もここに含めてもよいはずだ。

　今や，**「安全・安心」関連の行政課題は広範囲に広がっている**。国民・住民のあらゆる心配事への対応が行政に求められるようになっている。

　ただし弊害もある。多額の建設費がかかる公共事業まで，しばしば「安全・安心」を理由に認められてしまうのだ。ダム建設を「水害対策」とすれば，あるいは高速道路建設を「救急車等の利用」のためとすれば，立派に住民の安全・安心のための施策となる。政治的にはとても有効な説得術である。

　だが，「安全・安心」を口にしただけで施策が認められるはずもない。政策討論で，ほかの人が「命にかかわる」などと言ったとき，本当かどうか，冷静かつ合理的に見極めるようにしよう。

✏ 問題演習

　「安全・安心なまちづくり」においては，「ヒヤリ・ハット・マップ」の作成が有効であると言われている。いったい何についての地図なのだろうか。

解答は112ページ

PART Ⅲ 第5章　問題演習の解答

- **ターム19「公共性」** ……………………………………………p.101
  医療，報道など。

- **ターム20「公平」** ………………………………………………p.103
  「応能負担」は支払い能力，すなわち所得を基準に負担を求める。一方，「応益負担」は受けたサービスの量に応じて負担をする。

- **ターム21「小さな政府」** ………………………………………p.105
  支給開始年齢の引き上げ

- **ターム22「民主」** ………………………………………………p.107
  市町村合併

- **ターム23「権利擁護」** …………………………………………p.109
  消費者

- **ターム24「安全・安心」** ………………………………………p.111
  「交通事故になりそうでならなかった地点」を示した地図。
  「ヒヤリ・ハット」とは，「ヒヤリ」としたり「ハッ」とした経験のこと。結果として事故にならなかったために，軽視されたり忘れられたりするが，「ヒヤリ・ハット」が頻繁に起きる場所は，後に重大な事故が発生する危険性が高い。交通事故を未然に防ぎ，「安全・安心なまちづくり」を実現させるうえで，「ヒヤリ・ハット・マップ」の作成は役に立つはずだ。
  ちなみに，航空や鉄道では事故が発生するおそれのある重大事態を「インシデント」と呼ぶ。重大インシデントについては，航空法や鉄道事業法が国土交通大臣への報告を義務づけている。

PART III

政策論の基礎

第6章
政策の実施

この章では，
政策を実施する際の手段について学んでいく。
政策論では，政策目的を決めたら，
次に「どういう手段でそれを実現するか」について
述べなければならない。
政策論で使う「手段のターム」を
マスターできたら，
この章はクリア！

規　制

規則に基づく制限

　実際の行政活動には「規制行政」と「給付行政」がある。「規制」とは，交通規制のように，国民の権利や自由を制限する活動である。一方，「給付」は，年金給付のように，国民に対して便益を与える活動だ。

　見方を変えれば，この2つは行政目的を実現させるための手段である。だから，新たな政策を提案するときには，その内容に応じて「規制」や「給付」の必要性を検討しなければならなくなる。ここでは，まず「規制」について考えてみよう（給付についてはp.118）

▶▶「安全・安心」には規制を使う！

　規制が必要となるケースを想定するのは簡単だ。前の章の最後で「安全・安心」が重要な政策価値であると述べたが，この価値を実現するための基本的手段は規制になる。つまり，**政策案を考えていて何か危険が頭をよぎったら，まずは規制を考える必要があるのだ。**

　たとえば原子力発電所の事故が起きた場合，政府は原子力災害対策特別措置法に基づき，一般住民の立入りがただちに禁止される「警戒区域」や，1か月以内をめどに避難することが求められる「計画的避難区域」を指定する。住民の安全を考えて，その自由を規制するのだ。

　この例からもわかるように，**規制を実施するときは「規制の範囲」を定めることが必要になる。**また，規制は危険が去れば解除されるべきものだから，短期的なのか長期にわたるのかなど，おおよその「規制の期間」についての説明も用意すべきだろう。

　また，規制が行われている最中でも，規制区域に入る許可が出されることがある。事実，2011年の原発

行政処分

　「行政処分」とは，行政機関が法規に基づいて公権力を行使し，個人・法人に権利を付与・制限したり，義務を負わせたりすることである。行政が行う「処理」だと理解したらわかりやすいだろう。内容的には，「行政行為」とほぼ同じと考えてよい。

　ところが，日本語の「処分」には「処罰」の意味もある。行政処分にもそうした意味を含むものがある。交通違反の結果として受ける「行政処分」（免許の停止や取り消し）もその1つだ。一般にはこちらのほうがイメージされやすいが，「行政処分」は処罰的なものだけではない。注意しよう。

事故の警戒区域においても，必要なものを取りに行くため，住民に一時的な出入りが許可された。規制の運用におけるこうした特例措置についても，あらかじめ考えておくほうが親切だ。

規制の適用は，関連法の規定に従ってきちんと行われなければならない。だが，運用についてはこのように行政の側で決めるべきことも多い。**政策論で規制を手段とする場合は，実施の際の具体的イメージも示しておくとよいだろう。**

許認可

俗に「許認可」とまとめて呼ばれているが，行政法の学習でやるように，「許可」と「認可」は違う。「許可」は，本来の自由を一般的に規制し，後に個別に解除することである。たとえば飲食店の営業には「許可」が必要になる。公衆衛生の観点から，勝手な出店が規制されているからだ。

一方，「認可」は，私人間の法律行為を補充する行為である。私立の小中高校の設置には都道府県知事の認可が必要となる。学校を名乗るからには，一定の基準を満たす必要があるからだ。

▶▶ 規制の問題点にも注意する！

規制を利用するときの難しさは2つある。

第一に，**規制では必ず「違反者への対応」が不可欠になる。**規制をかける以上，それに違反した場合の措置をあらかじめ決め，さらに違反者を取り締まるための人員配置なども考えておかなければならない。規制に伴うこうした「監視のコスト」はばかにならない。

第二に，**規制では「程度の判断」がなかなか難しい。**規制が強いと国民・住民の安心感は高まるに違いない。だが，規制が厳しすぎると，彼らの自由な活動を阻害する危険が出てくる。反対に，規制が弱いと，事故などの「不測の事態」が起こる危険が高まる。もし事故が実際に起きれば，世間は「行政の責任」を厳しく問うに違いない。

どちらかというと，行政は事故が起きないように（＝自分たちの責任を問われないように），規制強化に向かいやすいと言われている。政策論の論述・討論で規制の導入を主張する際には，「過度な規制」にならないよう，十分注意したほうがよい。

✏ 問題演習

日本では，動物の肉，ソーセージ，ハムなどの輸入が規制されている。法律上，これは何を目的とした規制か。

解答は132ページ ▶

行政指導

法的強制を伴わない行政機関の働きかけ

▶▶ 指導，勧告，助言も行政の手段だ！

　行政は形式主義的でありすぎると，かえってトラブルを起こしかねない。そこで，フォーマルな行政行為ではなく，インフォーマルな手段で行政目的を達成しようとすることがある。よく使われる手段は「行政指導」だ。

　「行政指導」には，特定の個人や法人に対する指導，勧告，助言といったものが含まれる。飲食店に衛生上の勧告をしたり，税務相談で助言をしたり，あるいは業界団体に行政の要望を伝えたり，といった行為だ。

　行政指導は法的強制を伴わないので，相手が自発的に承諾してくれないと効力を発揮しない。相手次第なので行政目的が果たされるのか，疑問に思う人もあるだろう。だが，多くの人は行政機関との関係悪化を好まない。だから，任意とはいっても相手が従ってくれる可能性は高い。それなりに効果はあるのだ。（ちなみに，行政側が「将来的な力の行使」をちらつかせながら行政指導を行うことは，行政手続法で禁止されている）。

　いずれにしても，「何かあったら行政指導で」という考え方は，「何かあったら規制で」という主張より穏やかに見える。「生産者にも必要に応じて助言をしながら」といったふうに，**行政指導を手段として示せば，柔軟な政策論を展開している感じになる。**

▶▶ 癒着を感じさせない！

　行政指導は法律によらないだけに，法律の定めのないケースへの対応に有効だと言われている。たしかに法律をつくって規制などを行うには時間がかかる。**その点，行政指導であれば，必要な「是正勧告」などをすぐに出すことができる。**そのた

努力義務

　法律では，一定の人々に行為を「義務」と定めることがある。シートベルトの着用などは，その好例だ。「法改正で○○が義務化された」とか，「義務づけられた」といった言い方をする。義務なのだから，違反すると罰則もあるのが普通だ。

　一方，法律に「○○に努めるものとする」などとある場合，一般にこれを「努力義務」と呼ぶ。努力するのが義務なのだから，罰則はない。たとえば高齢運転者標識の表示は「努力義務」である。人々の行為を，ソフトに，でも少しは拘束力を持って誘導したい場合には，努力義務化は有効な手段である。

め，実際の行政でもとても便利に使われている。

　問題がないわけではない。相手の自発的承諾が必要になるために，業界に対する指導などでは，行政側が相手に受け入れられることを念頭に指導内容を考えるケースが出てくる。**こうした行為が繰り返されると，行政機関と業界との「なれ合い」が生じる危険が高まる。**

　また，特定の産業分野で「合意形成型の行政指導」が多いと，海外などからは「日本独特の癒着構造」を利用した参入障壁だと批判されてしまう。

　行政指導は不明瞭なだけに，そうした誤解を生みやすい。政策論で「業界への行政指導の強化」を提案するときには，注意が必要だ。

▶▶「基準」をつくってみる！

　行政機関は，政策の実施方法について，内部向けのルールを定めることがある。「基準」もその１つだ。

　実際の行政では，しばしば中央官庁から下位の行政機関に向けて，法律解釈の方法などについて，基準を定めたとの通達が出されることがある。規制の仕方や行政指導についても，上位官庁から基準が示されることがある。

　給付行政についても，実施にあたっての基準を定めることは多い。補助金の支給などには，法律に明確な規定のないものもある。そこで，中央官庁は基準を定めて通達し，実施に偏りが出ないように配慮するのだ。

　政策論では，全国各地に実施官庁がある政策の場合，基準をつくることを提案に含めるとよい。たとえば，「受給者の認定基準は明確に設定しておいたほうがよい」とか，「許容される騒音のレベルについては一定の基準を設ける」などという一言を入れておくのである。

　数値化や条件の明確化が難しければ，「基準」ではなく「基本方針」を定めるとしてもよい。なんであっても行政機関の内部向け対応ルールにまで気を配っておけば，政策実施手段への配慮はかなり示せているはずだ。

🖊️問題演習

　「サービス残業」をなくすための政策を考える課題に対して，「労働基準監督署の職員が各企業を回って，労働時間の管理が適切に行われているかなどをチェックする」という政策案を出したとする。ある企業で，タイムカードを本人ではなく，人事管理者が勝手に押していることが判明した場合には，行政はまずどういう対応をするべきだろうか。

解答は132ページ ➡

補助金

行政目的のために交付する金銭

　行政活動には「規制行政」のほかに「給付行政」がある。国民に便益を提供する行政活動の総称だ。公共事業も，社会福祉サービスも，学校教育も，すべてこの「給付行政」に類型化される。

　そのほか，行政から支給される補助金も「給付」である。補助金などは，さまざまな行政目的の達成のために手段として用いられている。

▶ 補助金を手段として使う！

　一般に，産業の育成や施策の奨励といった行政目的を実現するために，国や自治体やその関係機関が，法人・個人に提供する金銭のことを「**補助金**」という。たとえば「エコカー補助金」は，文字どおりエコカーの普及を意図した補助金だ。ほかにも産業育成では，「伝統的工芸品産業支援補助金」，「省エネルギー投資促進に向けた支援補助金」など，数多くの補助金が制度化されてきた。

　政策論では，特に産業育成策で補助金の利用を考えるとよい。「必要に応じて補助金を使って支援も行いながら〜」などと使うのだ。

　なお，補助金の支給にはそれを受ける側からの申請が必要になる。審査もある。また不適切な利用は法律で禁止されている。

　補助金と似た政策タームはいろいろある。法令に基づいて主として行政機関向けに一方的に与えられる（＝申請を必要としない）ものは「**交付金**」と呼ぶ。「地方交付税交付金」などがこれに当たる。

　一方，国や自治体にも利益が出る事業について，経費の全部または一部を支出するものは「**負担金**」だ。「新幹線の地元負担金」などと使う。

　不十分さを補って「完成を助ける」ための支援金は「**助成金**」と呼ばれる。雇用政策の定番アイテムだ。労働者に対して再就職の支援を行った企業に支給される「労働移動支援助成金」が代表的だが，ほかに

ひも付き補助金

　自治体に対する国の補助金のうち，使い道を特定しているものの俗称。正式名称は「国庫補助金」や「国庫負担金」などである。これらについては，補助金をもらえるのをいいことに，自治体が不必要な事業にまで手を出すといった弊害が指摘されている。こうした補助金については「一括交付金」にすべきだという意見もある。

も「人材開発支援助成金」,「発達障害者・難治性疾患患者雇用開発助成金」などがある。多くは条件さえ満たせば受けられる。とにかく,**雇用政策を語るなら,使うべきタームは「助成金」**だ。

　もちろん雇用政策以外にも「助成金」は支給されている。たとえば,私立学校に対する「私学助成」や政党に対する「政党助成」といったものだ。

▶▶「インセンティブ」を使う！

　行政目的の達成を意図して,個人や法人の活動を誘導する手段は,補助金だけではない。金銭的メリットとしては,**税制上の優遇措置や公的融資など**を使うこともある。

　金銭以外にも,自主的な取組みを促す手段はある。たとえば環境に配慮している企業を自治体が「環境管理事業所」として認定したり,特に優れた活動を行っている企業を表彰したりするといった手段だ。

　こうした,**やる気を高めるための刺激を一般に「インセンティブ（誘因）」**という。「認定・表彰」はこのインセンティブの１つだ。男女共同参画や子育て支援など,社会・地域貢献に結びついた活動では,認定・表彰はよく使われる行政手段となっている。

　認定された企業は,市の広報などで活動が紹介される。企業イメージのアップにつながるというのが,ここでの誘因だ。そのほか,認定を受けた企業には低利の公的融資を認める自治体もある。

　インセンティブはあまりコストがかからない行政手段だ。ただし効果があるかどうかははっきりしないので,行政目的の達成に使う補助的手段だと考えておくとよいだろう。政策論では,「認定制度のようなインセンティブも設け」などと「も」をつけておきたいところだ。

　なお,インセンティブとは反対に,行政は目的達成のために「制裁」を加えることもできる。これにも金銭的なものとそうでないものがあって,罰金や反則金のほか,問題のある企業については名前を公表するといった手段がよく用いられる。

✏ 問題演習

　農林水産省では,農山漁村の振興や農水産物の消費拡大などを目的に,いくつかの分野で全国から「○○百選」を選定している。どのような「百選」があるのか考えてみよう。

解答は132ページ ➤

第6章 政策の実施

計　画

目標達成のための行動や手順などの考え

▶「大国」ではなく「立国」を使う！

　近年の国家行政では，**国家にとっての重要政策分野を「○○立国」などと宣言することがある**。そのうえで，「○○基本法」を定め，国は「○○基本計画」を，自治体は「○○推進計画」などを策定する，といったパターンがよく見られる。

　「立国」には，「それによって国家を発展させる」という意味合いがある。すでに日本は，「環境立国」，「観光立国」，「教育立国」，「ものづくり立国」，「科学技術立国」，「文化芸術立国」，「海洋立国」，「スポーツ立国」など，数多くの「立国」を定めてきた。

　政策論では，よくテーマになりやすい環境や観光などで，「立国」を使ってみるとよいだろう。「日本は現在，観光立国を目指して多様な施策に取り組んでいるが〜」などと書けば，「政府も観光には力を入れているが〜」などと書くよりも，政府の政策についての理解があるように見える。もちろん，政策案を述べるときには，自分で「○○立国」をつくってもよい。

　ただし，**「大国」は注意して使うようにしよう**。「大国意識」を持つことは，必ずしもよいとは言えないからだ。おそらくそのために，政府も「目指す国の姿」を表すときに「大国」という言葉はほとんど使っていない。「経済大国」にしても，今や中国の「経済大国化」を表すときにしか出てこない。

　例外はある。**「健康大国」と「環境・エネルギー大国」**だ。長寿と新エネルギー技術については，安心して世界に誇れるからなのだろう。

▶ 基本法を踏まえる！

　「立国」が宣言されていれば，必

ロードマップ

　達成までの大まかなスケジュールについて，期間をいくつかに区切って表現した計画書。「行程表」と訳される。直訳すれば，目的地までどういう行程をたどっていくのかという「道案内」になるが，この計画書の特徴はむしろ時間軸にある。ゆえに，内容としては，「第一段階はいつまでで，ここまで達成する」といったふうになるのが一般的だ。

　例は多くはないが行政でも使う。過去に，地球温暖化対策や震災復興について，政府がロードマップをつくったことがある。

ず「基本法」がある。これに加え
て，「立国」の伴わない「基本法」
もたくさんある。多くはなんらかの
課題の解決を図るためのものだ。た
とえば「食育立国」はないが，子ど
もたちの食生活の乱れを正すために
「食育基本法」は定められている。

　そのほか，問題解決がねらいの基
本法には，男女共同参画基本法，高
齢社会対策基本法，障害者基本法，
がん対策基本法などがある。

コミット

　「コミット」や「コミットメント」は，
責任を伴う関与を表すタームである。「行
政としてそこまでコミットしてよいのか」
などと使う。英単語としては，外交の場で
頻繁に利用されており，日本政府が使うと
きも対外交渉の文脈でのことが多い。「日
米両政府とも本件にコミットしている」な
どと言うのだ。

▶ 計画策定を呼びかける！

　基本法では，長期的で包括的な政策パッケージである「基本計画」を定める
よう政府に求めるのが普通だ。さらに，自治体に「推進計画」や「地域計画」
といった名前の計画の策定を促すものもある。

　基本計画では，まず政策立案に当たっての社会認識や基本理念が示される。
それから分野ごとに数々の施策を列挙し，その達成目標などを具体的に示す。
このため，国の基本計画の多くは5年ごとに策定し直されている。

　**もちろん基本法関連のもの以外にも，国や自治体は多くの計画を策定してい
る。**呼び名はいろいろだ。「計画」のほか，「プラン」も使われている。

　交通インフラの建設や自衛隊の武器購入など，中長期をにらんだ公共投資計
画は**「整備計画」**と呼ばれる（道路整備計画，防衛力整備計画など）。自治体
の将来像を含む長期計画は**「総合計画」**だ。青少年育成が目的だと**「夢プラン」**
などと名づけられる。計画を立てるだけでは満足できず，「すぐに実行するぞ」
という気持ちを込めたいときは**「アクション・プラン」**も使う。

　政策論では，こうしたタームを巧みに使って，考え方に「計画性」があると
ころをアピールしたらよい。計画の必要性を指摘するだけでも違うはずだ。

🖉 問題演習

　上記の「立国」と「基本法」の例で取り上げたもの以外に，日本にはどのよ
うな基本法があるだろうか。

解答は132ページ

実施体制

実際に行うための組織的仕組み

▶ だれが実施するのか考える！

　政策の遂行では，実施体制をどうするかを定めることも重要だ。たとえば，府省が立案した政策の場合なら，実施については自治体に依頼するのか，あるいは出先機関において行うのか，などを決めなければならない。また，政策実施に多くの人員配置が必要となるものなら，人の確保をどうするのかも考えなければならないはずだ。

　例として生活保護の実施体制を見てみよう。生活保護は国の施策だが，法定受託事務として「都道府県知事，市長及び福祉事務所を管理する町村長」が実施機関になる。とはいっても，実務を担うのは首長ではなく自治体が設置する福祉事務所だ。法律上は福祉事務所長および福祉事務所で働く社会福祉主事が「実施機関の事務の執行を補助」している。

　実際に生活保護を求める人の家庭訪問，面接，資産調査などを行っているのは，福祉事務所で生活保護を担当する「現業員（ケースワーカー）」である。社会福祉法に基づき，この現業員の標準配置数は，都道府県では被保護世帯65世帯に1人，市町村では80世帯に1人と定められている。さらに，生活保護を求める人の相談には民生委員も応じる（法律上は「事務の執行に協力する」）。以上が生活保護の実施体制である。

　もちろん，政策論ではここまで詳細に実施体制を語る必要はない。だが，どういった部局で，具体的にだれが事務の実施を担うのか。もしイメージを持っているのなら書いておくとよいだろう。「各地のハローワークにおいて～」といった程度でもかまわない。

　また，もし現在の実施体制に不十分な点があると思うのであれば，

ワンストップサービス

　「ワンストップ」とは「1回立ち寄ればよい」という意味。管轄が異なる手続きなどを「1か所で」済ませられるので，サービスを受ける側の利便性が高まる。たとえば，「若年者のためのワンストップサービスセンター」，通称「ジョブカフェ」では，フリーターなどに対する職業紹介に加え，人材育成などを実施している。また，国土交通省では，新車を買ったときに必要となる警察署での保管場所証明，運輸支局での検査・登録，都道府県への自動車諸税の納税をまとめてオンラインで行えるワンストップサービスを実施している。

「実施体制の見直し」を主張しても
よい。たとえば外務省は，相手国や
その国民のニーズに応えていないと
の批判があったODA（政府開発援
助）について，2003年に「現地
ODA タスクフォース」を設置した
（原則すべてのODA対象国に設
置）。現地で活躍する日本企業や
NGOとの連携強化をねらいとし
て，実施体制を見直したのだ。（な
お，タスクフォースとは，特定の課
題の達成のために一時的に設置され
る組織である。）

 推進会議

　政策目的の達成に向けて多様な関係者の
意見を聞く必要があるとき，国や自治体は
しばしば「推進会議」を設置する。基本的
には民間委員を多く加え，「官が民の意見
を聞きながら施策の推進を図る」あるいは
「官民が一体となって施策に取り組んでい
る」といった姿勢をアピールするのがねら
いである。ちなみに，関係官庁の代表者だ
けによる会議は「連絡会議」と呼ばれるこ
とが多い。

▶ 地方自治の場合は連携を視野に入れる！

　自治体で政策の実施体制を考えるとき，ポイントの１つとなるのが周辺自治
体との連携である。市町村合併が進められたものの，まだ自治体のなかには，
いくつかの行政サービスを自前で提供する体力を持たないものがある。事実，
消防やごみ処理といった行政サービスについては，**複数の自治体が「一部事務
組合」や「広域連合」を組織し，実施しているケースが多く見られる。**

　自治体の政策実施体制を考えるときには，広域での対応が可能かどうか考え
てみるとよい。規模拡大は行政の効率化を図るうえからも重要である。「周辺
自治体と広域連合を設立して～」などといった具体的手段についてのコメント
があれば，政策論としては高いレベルのものと評価されるだろう。

　また，**自治体間の連携のほかに，自治体とNPOの連携や自治体と地元企業
の連携を考えることも大切だ。**町内会などの「住民ネットワーク」に，施策の
実施について協力を求めることもできる。

　なお，実施体制に住民の協力を含めることは，施策に対する住民からの
フィードバックがある点でも有益だ。積極的に取り入れよう。

✏ 問題演習

　近年，生活保護受給世帯数が増加してきた。それに伴い，生活保護の実施体
制に問題が見られるようになっている。左ページを読み返し，どういう問題が
起きていそうか，考えてみよう。

解答は132ページ ➤

権　限

法令に基づく職権の範囲

▶▶ 詳細は裁量にゆだねる！

政策実施においては「権限」の扱いが問題となることがある。現場の裁量で実施内容の変更を認めるのか。国から自治体に権限をゆだねることにするのか。そういった話だ。

「権限」とは「限られた権力」の意味である。公務員が法令に基づいて行使する職務権限（職権）の範囲のことだ。刑法には公務員職権濫用罪の規定があるから，本来，職権については慎重に定めておかなければならない。

一方，**「裁量」とは「自分の考えで判断・処理すること」**である。政策実施の現場では，マニュアル通りに行かないことがいくらでも発生する。そうしたときに，どの程度のことなら自分で判断して実施してよいか，という範囲を職権として認めておくことがある。これが裁量権だ。

普通，裁量を認めるときには「裁量にゆだねる」とか「裁量に任せる」と言う。裁量の範囲を超えた判断・実施があって問題となったときには，「裁量権を逸脱した」などと非難する。

政策論では，内容の詳細を「裁量」にゆだねてしまうことができる。細かい話をしたくないときは，「詳細は地域の特性に応じて判断することになるが～」などと裁量に任せる書き方をすればよいのだ。また，政策討論で細かい話ばかりする人がいたら，「そういったことは現場の裁量に任せることにして～」などと言って，話を止めることもできる。

▶▶ 第一線職員の心理を考える！

一般に，窓口職員や警察官など第一線で職務を行う公務員には，かなりの裁量が認められている。彼ら「第一線職員」は，行政サービスの対象者となる個人・法人と向き合い，事情などを聞きながら，どういったサービスを提供するかを判断する。仕事時間の配分やルール適応の厳しさなどについては，ある程度彼らの裁量に任されている。そうしないと仕事にならないのだ。

だが，裁量には問題も伴う。サービスや規制を受ける住民の側からすれば，裁量が個々の職員の「勝手な判断」に見えることがある。一方，施策実施の責任者からすれば，「第一線職員」の仕事の管理は難しい。

たとえば，若者の就職率を高める政策案を考えるとしよう。職業紹介業務担当の職員に「1週間ごとの就職決定者数」のノルマを課す案を思いついた。この案は効果的だろうか。

ある職員は「すぐ決まりそうな人」については時間をとって熱心に紹介し，そうでない人については「テキトーな扱い」をするかもしれ

補完性

最小単位の決定を優先させ，できないことのみをより大きな単位がカバーしていくという考え方。地方自治では，基礎自治体を重視し，市町村ができないことを都道府県が担い，都道府県ができないことは国が行う，とするのが「補完性の原則」である。

ない。なにしろ決定者が少ないと，上から怒られるかもしれないのだ。

しかし，これでは就職決定者数が増えても，サービスの評判は悪くなる。それに，就職が決まりにくい人を放置したのでは，行政サービス本来の目的を果たしているとは言いがたい。この場合，ノルマは不適切だろう。

政策実施についての議論では，「第一線職員」の心理を考える必要がある。机上の空論は禁物だ。

▶ 権限移譲も視野に入れる！

地方分権を進めるとの観点で，都道府県から基礎自治体への権限移譲を提案してもよい。政策実施について考えるときには，**市町村にどういう権限を与えるかを検討してみよう。**

基本的に，住民への直接給付を伴う行政サービスは，基礎自治体に権限を移しやすい。たしかに社会福祉法人の設立などは，基礎自治体が認可するのが適当だろう（都道府県から市町村への権限移譲はすでに実施済）。

しかし，行政サービスのなかには小規模自治体では対応できないものもある。やはり国家で対応するのがふさわしいものもある。

かつて，自治体が環境政策の決定権を求めたところ，地元の自然保護団体が反対したケースがあった。渡り鳥の保護管理などは国家的視野で行うべきもので，個々の自治体にゆだねたのでは対応が不十分になる，というのが反対の理由だった。地域主権の時代だからといって，なんでも基礎自治体に降ろせばよいというものではないことにも注意が必要だ。

問題演習

有害鳥獣の捕獲許可は，国，都道府県，市町村のいずれが行うのが望ましいだろうか。

解答は132ページ

第6章 政策の実施

財　源

必要な金銭の出所

▶ 財源については触れないことも可能！

　新しい政策を導入するとき，必ずといってよいほど問題になるのが「財源」である。特に社会保障関係や大規模な公共事業について議論するときには財源を意識しないわけにはいかないし，まさしく財源論である「増税」が政策論のテーマになることだってある。

　すでに第2章の「コスト」（p.76）のところで述べたように，**論述では，財源の議論に重要性がなければ，あえて触れなくてもよい**。実際，犯罪対策や自殺対策の話題で，財源の議論は必要ないはずだ。

　ただし討論では，わざと「財源はどうするのか」と質問することも，質問されることもあるだろう。その場合，財源を示してもよいし，「財源を気にしている場合じゃないでしょう」というリアクションをしてもよい。いずれにしても，財源が話題に出たときの対応策は考えておくべきだ。

　言葉遣いだが，個別の政策については「政策経費」もよく使う。そして，「財源」についても「経費」についても，つける言葉は「確保する，手当する，捻出する，調達する」といったものだ。少なくとも，論述で「財源もちゃんと見つけて～」などと書くようではカッコ悪い。

▶ 負担は分担してもよい！

　経費の分担を検討するときは「負担」を使う。国の負担で全部やるのか，自治体にもなんらかの負担を求めるのか，あるいは「利用者負担」や「国民負担」を制度に組み込むのか，といった話になる。ちなみに，**なんらかの利便性が利用者に発生するときは，利用者負担を求めるのが一般的だ。**

　「事務負担」という言葉もあるが，政策論で「負担」というターム

財政出動

　「財政出動」は景気浮揚を図る経済政策である。景気の活性化を図るため，政府が積極的に財政を使って公共事業などに投資する。これが「財政出動」である。たんなる「財政支出」とは意味が違う。

　ちなみに，公共事業の配分に影響力を持つ政治家などは，何かあるとすぐ「財政出動」を主張する。少なくとも過去には「財政出動」で無駄なハコモノがつくられることもあった。増税時代には使いにくいタームである。

を使うときは，ほとんどが「経済的（金銭的）負担」の話である。したがって，利用者が支払う金額が多すぎると指摘したいときは，「利用者の負担軽減を検討すべきだ」などと言うことになる。

▶ 基金を創設する！

政策に必要な財源については，いろいろな議論が考えられる。「無駄をなくせば財源の捻出は可能だ」としてもよいし，どれかの税の「税率アップ」を主張してもよい。その

ふるさと納税

「ふるさと納税」の特徴は，自治体に寄付した場合，一定限度内であれば，その額の大半が住民税額から控除されること。これにより，事実上，住民税の一部を自分が住民票を置いていない自治体に振り分けることが可能になった（ただし，振り分けた分の一部は自己負担の寄付となる）。

なお，「ふるさと」とあるが，寄付する自治体は都道府県・市町村・特別区から自由に選べる。東日本大震災後は被災地の自治体への「ふるさと納税」が大幅に増えたという。

際，税率の検討が話題になりやすいのは，消費税，相続税，酒税，たばこ税などだ。

新税の提案も可能だ。実際に導入されたものには，温暖化対策に使う「環境税（地球温暖化対策税）」がある。そのほか，震災復興に必要となる財源についての議論では，「携帯電話税」や「パチンコ税」といったアイデアも出ていた。

地方税については，新たな「法定外税」を提案することもできる。 東京都や大阪府などの宿泊税や山梨県富士河口湖町の遊漁税など，数は少ないが前例はある。

国の予算で言えば，税収以外の歳入は大半が公債金収入である。財源の議論ではこれは使えない。財政状況を考えれば，さすがに「赤字国債をどんどん発行して」という話はできないからだ。もちろん地方債でも同じだ。

そのほかの財源では，地方自治法に定めのある自治体の「基金」は使える。**地元企業からの寄付や「ふるさと納税」などを利用して基金を創設し，それを財源にして事業を行う提案をするのだ。**

ただし，すでに多くの自治体がすでにそうした基金を設立している。受験する自治体にどういう基金があるのか，一度チェックしておくとよいだろう。

問題演習

「ふるさと納税」の額を増やすための工夫として，多くの自治体が採用している手法がある。何か考えてみよう。

解答は132ページ ▶

広　報

施策などについて広く知らせること

▶ 情報提供の効果に期待しすぎない！

　政策論では，国民・住民に政策内容を知らせる目的で，「広報活動の充実」を提案に含める人が多い。せっかく新しい政策ができても，だれも知らなくて利用しないのであれば，意味がないからだ。

　また，情報提供によって「国民・住民の意識を変えていこう」といった提案をする人も少なくない。環境保護政策では「環境にやさしい生活」を呼びかけ，消費者安全対策では「悪質業者への警戒」に注意を促す。具体的な政策実現手段を問われると，「パンフレットをつくって〜」といった答えが返ってくることも多い。

　だが，**広報はあくまでも政策実現の補助手段である**。事実，最近の交通事故死者数の減少は，主に飲酒運転の罰則強化によるもので，「交通事故をなくしましょう」的なパンフレットの成果とは言えない。

　まず**「パンフレット」や「インターネット」での情報提供は万能薬ではないことを肝に銘じておこう**。必要ではあるが，それだけでは十分ではない。ほかの施策について提案したあと，最後に「住民への周知徹底のために広報活動も行ったほうがよい」などとつけ加える程度でよいのだ。

　もちろん，**広報が重要な部分を占める政策領域もある**。自治体の政策は，基本的にその自治体のなかでしか影響力を持たない。だから，外からの観光客を増やし，外に特産品を売り込むとき，使える手段の中心はどうしても広報になってしまう。

　したがって，広報については，施策の周知や意識醸成に使う内向き用と，イメージアップに使う外向き用を分けるようにしよう。**基本は「内向き用では脇役，外向き用では主**

ゆるキャラ

　「ゆるさ」を持ったご当地キャラクター。地域のイメージアップが目的で，自治体が呼びかけてつくったもののほか，観光協会や民間団体がつくったものがある。自治体主導の場合，キャラクターのデザインは公募によって決めることが多い。一方，1つのイベント限定のものは，普通「〇〇大会マスコット」と呼ばれる。

　いずれも「着ぐるみ」などを用意し，広報活動に役立てる。特にテレビ向けの宣伝材料として効果があると考えられている。ちなみに，近年の流行は「ミス〇〇」が使いづらくなったためだとも言われている。

役」だ。

▶ 広報資料を用意する！

　広報は大きく「自主広報」と「依存広報」に分けられる。自主広報は国や自治体が自らの経費を使って行う広報活動である。これに対し，依存広報はメディアに依存する。ようするに取材してもらうのだ。

　自主広報の代表格は「広報紙」である。「市報（町報，村報）○○」，「広報○○」，「○○市政だより」な

広報紙

　自治体が広報に用いる出版物は，一般に「広報紙」と表記されている。今ではＡ４判で雑誌っぽいものが多いので，正しくは「広報誌」とすべきだが，昔は新聞紙ふうだったため「紙」が残ったまま，使われているようだ。

　ちなみに，中央官庁のほうは「広報誌」である。各府省が発行するもののほか，政府として海外向けのオンライン広報誌「Highlighting JAPAN」を毎月発行している。

ど，さまざまな名前で出されている。そのほか，個別の政策テーマについては，パンフレット類もつくられている。

　広報では，テレビ，ラジオ，新聞，雑誌等の広告も利用されている。テレビ（特にケーブルテレビ）やラジオでは，自治体が番組提供を行うものもある。

　最近は，インターネットを利用した広報も多く，政府広報も「政府インターネット・テレビ」を充実させている。

　こうしたものを総称するときは，「広報資料」というタームを使うのが一般的だ。「広報資料も用意して～」といった言い方をする。

　自主広報の問題点は，コストがかかることと，情報が国民・住民に届いているかどうかが不明確なことである。きちんと届けようとするとコストがかかる。そのためか，広報紙による情報提供を重視して，コストがかかっても業者に依頼し各戸配布を行っている自治体がある一方，広報紙は自治会などで配ってもらい，受け取らなかった人のために公共施設にも置いておく，といった選択をした自治体もある。

　一方，依存広報には，大臣や首長による「記者会見」や行政からの「報道発表」のほか，取材を受けることも含まれる。多くの人が目にする新聞やテレビ番組などを通じての情報伝達が可能になるが，一部だけの引用や報道機関のコメントによって情報がゆがんで伝達される危険性もある。

問題演習

　自治体によっては同じ内容で複数のタイプの「広報紙」を作製している。どのようなものがあるのか，考えてみよう。

解答は132ページ

第6章 政策の実施

ポジティブ・アクション

積極的な改善措置

▶▶「アファーマティブ・アクション」は使わない！

社会的差別の是正策や社会的弱者の自立支援策では、どういう政策手段をとるべきだろうか。すでに述べた「インセンティブ」も重要だろう。だが、もっと結果がはっきり出る手段は考えられないだろうか。

社会的差別を受けている人や社会的弱者を、積極的に「競争で有利に扱うこと」で、そうした人たちの社会的地位を高めようという考え方がある。アメリカでは50年ほど前から、こうした政策が導入されている。「アファーマティブ・アクション」と呼ばれている。

日本では、男女共同参画社会の実現に向けた取組みで、そうした「実効性のある積極的改善措置」の採用が提唱されている。**そして、この措置を「ポジティブ・アクション」と呼んでいる**。和製英語である。人種差別や民族差別の解消を目指すアメリカとは政策目的が異なるためか、アメリカとは違うタームを使うことにしたようだ。

政策論で「積極的改善措置」を提唱するのであれば、使うべきタームは「ポジティブ・アクション」である。アメリカの「アファーマティブ・アクション」が有名なことから、こちらが頭に浮かぶ人も多いだろうが、公務員試験では日本政府が使っているタームを選ぶほうが無難である。

▶▶「クオータ制」の導入を検討する！

政府は男女共同参画における「ポジティブ・アクション」を広い意味で理解している。すなわち、「インセンティブ」なども含め、積極的な働きかけはすべてこのタームの対象としているのだ。

だが、中心となる考え方は「クオータ制」である。アメリカのアファーマティブ・アクションでもそうである。まず、このタームをしっ

Affirmative action

1960年代以降、アメリカで導入されてきた積極的差別是正策。主に民族や人種による差別の是正を目的としている。具体的には、進学、就職、昇進などにおいて特別枠を設定したり、試験の点数を割り増したりする。ただし、こうした措置については「逆差別ではないか」との批判もあり、訴訟も起きている。

かり理解しよう。

「クオータ制」とは，簡単に言えば「割当制」である。男女共同参画で言えば，女性の人数や比率をあらかじめ決めておいて，能力を基準にしながらも，その比率が満たされるように採用や昇進などの人事を行うことである。

政府は，国家公務員の採用者に占める女性の割合を30％以上に引き上げる方

ポジティブ・アクションの例

クオータ　→　一定数・一定割合を割り当てる

プラス・ファクター　→　能力が同じなら一方を優先する

針を示している。率先して「クオータ制」を取り入れているのだ。

またこのほか，日本でクオータの考え方で実施されている政策には「障害者雇用枠」の義務化がある。障害者雇用促進法で，民間企業は従業員の一定割合を障害者にすることが求められているのだ。ちなみに，この「法定雇用率」は国や自治体にも課せられている。

参考までに，覚えておきたい「クオータ制」以外の「ポジティブ・アクション」のタームには**「プラス・ファクター方式」**がある。これは，能力が同じなら社会的弱者を優先的に取り扱うという手法である。たとえば，女性という要素をプラス点ととらえ，同じ能力の男性よりも上に評価するのである。

▶▶ 強制力の行使は慎重に！

男女共同参画の「ポジティブ・アクション」の採用について，政府は企業などへの強制は行っていない。民間の自主性に任されている。2018年に制定された「政治分野における男女共同参画推進法」も，「男女の候補者の数ができる限り均等となること」を求めてはいるものの，「自主的に取り組むよう努める」ように促しているだけである。

一方，障害者雇用枠については，「納付金制度」を設け，未達成の企業から納付金を徴収し，達成した企業に調整金として支給している（あたかも「罰金」と「ごほうび」のようだが，そういう呼び方は当然していない）。

クオータ制はそれ自体がかなり強制的である。政策論で導入を提唱するときには，民間への強制力の行使は慎重にしたほうがよいかもしれない。

✎ 問題演習

公務員の時事常識の確認問題。第5次男女共同参画基本計画における女性割合に関する基本的な目標は何か。

解答は132ページ

第6章　政策の実施

・**ターム25「規制」**……………………………………………p.115
　家畜の伝染病の予防（家畜伝染病予防法による規制）。

・**ターム26「行政指導」**…………………………………………p.117
　まず「是正勧告」を出すのが適切だろう。

・**ターム27「補助金」**……………………………………………p.119
　実際にあるのは「農山漁村の郷土料理百選」，「美しい日本のむら景観百
選」，「ため池百選」，「棚田百選」。そのほか過去には観光庁と連携した「農
林漁家民宿おかあさん100選」もあった。

・**ターム28「計画」**………………………………………………p.121
　すぐに思いつきそうなものを挙げてみると，国家公務員制度改革基本
法，災害対策基本法，原子力基本法，東日本大震災復興基本法，交通安全
対策基本法，消費者基本法，自殺対策基本法，中小企業基本法，循環型社
会形成推進基本法，食料・農業・農村基本法，宇宙基本法など。

・**ターム29「実施体制」**…………………………………………p.123
　「現業員の不足」が問題となっている。担当する被保護世帯の増加によ
る「現業員の負担増」でもよい。

・**ターム30「権限」**………………………………………………p.125
　実情は都道府県から市への権限移譲が進められている。「有害」とある
ので，被害を食い止めるために基礎自治体が対応してよいと考えられてい
る。

・**ターム31「財源」**………………………………………………p.127
　特産品の贈呈。

・**ターム32「広報」**………………………………………………p.129
　通常の広報紙に加え，「点字広報」や「声の広報」を作製している自治
体がある。

・**ターム33「ポジティブ・アクション」**………………………p.131
　指導的地位に占める女性の割合が2020年代の可能な限り早期に30％
程度となるよう目指すこと。

PART Ⅳ

政策論の応用

第7章
市場の失敗

この章では,
国や自治体の政策の必要性を
「市場の失敗」という観点から論じる方法を学ぶ。
国家総合職の論述試験の「公共政策」で
使いこなすことが求められるタームも含まれている。
市場経済との関係において政府の必要性が理解できたら,
この章はクリア!

市場の失敗

市場に任せても非効率となるケース

▶ 市場の失敗で政府の意義を確認する！

　市場は，需要と供給の不均衡を価格の変動を通じて自動的に調整する。これを「市場メカニズム」と呼ぶ。市場メカニズムが問題なく機能すれば，市場均衡は効率的な資源配分となるはずである。

　ところが，市場にすべてを任せていると，かえって非効率な資源配分となってしまうことがある。競争がうまくできなくなったり，市場が成り立たなくなったり小さくなったりして，市場メカニズムの利点が発揮されなくなるケースがあるのだ。**これを「市場の失敗」と呼ぶ。**

　市場でうまく解決できない場合こそ政府の出番である。問題点を是正するため，政府が市場に介入することが必要となる。**つまり「市場の失敗」は，政府の存在意義をも示している。**

　国家総合職の「公共政策」の出題では，しばしば「市場の失敗」を指摘することが要求される。政策課題を考える際，「行政の関与がなぜ必要なのか」を認識するために，あらかじめ「市場になぜ任せられないのか」を確認することが求められるのだ。

　市場による資源配分が非効率になるという「市場の失敗」には次のようなケースが考えられる。

①「規模の経済」によって「自然独占」が生じる。
②「公共財」を提供する。
③「外部性」がある。
④「情報の非対称性」がある。

　この章では，これらのタームを順に追いながら，「市場の失敗」についての理解を深めよう。

▶ 公益事業の特性を理解する！

　一企業による市場の独占は，非効率な資源配分をもたらす。独占企業

公益事業

　電気，ガス，水道，郵便，通信，交通など，人々の日常生活に欠くことのできない事業。電気や都市ガスについては，従来は「地域独占（地域ごとに１つの公益企業が供給者）」だったが，現在は自由化が進められている。また，一方，水道や地下鉄などでは，地方自治体が公営企業を設立して事業を行っているケースが多い。

は供給を抑えて，価格をつり上げ，自らの利潤を増やそうとする。また，競争がないため，独占企業ではコスト意識が働きにくくなり，経営や生産上の無駄も生じてしまう。

このように独占はよくない。しかし，**市場経済では「公益」にかかわる産業において，「規模の経済」に起因する「自然独占」が生じることがある。**これが「市場の失敗」の第一のケースだ。

典型例として，よく取り上げられるのは電力事業である。一定地域に送電線を張り巡らせるには莫大な費用がかかる。しかし，いったん敷設してしまうと，追加の固定費用をあまりかけることなく，電力を供給することができる。生産量を増やすと平均コストが下がる「規模の経済」が働くことになる。

こうした市場に新規参入するのは難しい。送電線をつくるには大きな費用が必要で，しかも既存企業は低コストで生産できるようになっている。これでは太刀打ちできない。政府が競争を制約しているわけでも，既存企業が意図的にほかの企業を排除しているわけでもない。市場に任せていて自然と独占になってしまうので，これを「自然独占」と呼ぶ。

なお，自然独占が生じるのは電力事業だけではない。ガス事業，鉄道事業，郵便事業などでも発生することが知られている。

▶ 自然独占の改善策を考える！

自然独占については，独占を認めるものの，価格を規制することで消費者の利益に反しないようにする，というのが対応策の1つである。ようするに，公益事業については，政府が利用料金（いわゆる公共料金）の決定に関与するのだ。

そのほか，**企業の分割も有効な手法である。**分割することで独占による弊害を避けるのだ。

たとえば，電力については再生可能エネルギーによる発電の普及が急がれている。そのための手段として，2020年4月以降電力会社は発電会社と送電会社に分割された（送発分離）。発電だけでなら，風力発電や太陽光発電などを行う新会社も，火力発電などで電気をつくる従来型の発電会社と競争できるかもしれないからだ。

✏ 問題演習

自然独占への対応策としては，上記のような価格規制や企業分割以外にどういった方法があるか。

解答は146ページ ▶

フリーライダー

負担せずに便益だけを受ける者

▶ 公共財の特徴は非競合性と非排除性！

「市場の失敗」の第二は，「公共財」の提供にかかわるケースである。

「私的財」の代表としてケーキを考えてみよう。ケーキ屋は，お金を払わない客にケーキを売らなくてよい（＝消費を排除できる）。買われたケーキは，だれかが食べてしまえばほかの人は食べられない（＝消費が競合する）。すなわち，私的財の消費は「排除性」と「競合性」を持っている。

これに対して，街灯がもたらしてくれる明かりは，お金を払わない人には使わせない，ということができない。また，だれかが使ったからといってほかの人が使えなくなるという性質のものではない。つまり，「排除性」も「競合性」もないのだ。

街灯のように「非排除性」と「非競合性」を持つ財を「公共財」という。こうした性質を持つ公共財は，市場では供給されない。あるいは，供給されたとしても過少になってしまう。「市場の失敗」である。このため，公共財は政府によって供給されることになる。

非競合性と非排除性の両方の特徴を完全に持つ「純粋公共財」は，通常，無料で提供される。たとえば，国防，警察，司法，外交などだ。

	排除不可能	排除可能
競合しない	純粋公共財	準公共財
競合する	準公共財	私的財

道路や公園のように，一時的に混雑して「競合性」を持ったり，料金を課して利用者を制限することで「排除性」を持ったりする財がある。**これらは「準公共財」と呼ばれている**。完全には非競合的で非排除的といえないことから，「準」をつけているのだ。こうした準公共財についても，政府がしばしば供給者となる。

なお，環境政策の議論では「きれいな空気」を公共財と考えることがある。この場合，政府は責任を持ってこれを提供すべきだという主張になる。

▶ フリーライダーの存在を意識する！

公共財は「非排除性」を特徴とする。それゆえ，負担をしないのに便益を享受する人が出てくる。「**フリーライダー（ただ乗り）」の問題**である。

たとえば，ある地域が街灯を増やすことを決めたとする。そして，そのための資金は地域の住民で出すことになったとする。だが，Aさんは払わなかった。それでも，街灯が設置されてしまえば，Aさんはその恩恵を受けられる。明かりの利用は排除不可能だからだ（Aさんが通るときだけ消せれば別だが…）。

Aさんのようなフリーライダーばかりになると，結局，住民の手によっては街灯が設置できない。その場合，必要ならば自治体が公費で街灯を設置することになる。

公共財の財源を国税でまかなう際，負担する納税者は全国規模で広がっている。ところが，公共財の受益者はそうではないことがある。道路がその典型だ。こうした場合，**受益者は他人の負担にただ乗りしやすくなる**。負担者の姿が見えにくいからだ。

このように，フリーライダーの自分勝手な心理を抑制するのは難しい。そのために，財政支出を伴う公共財に対するニーズはどんどん膨らんでいく。フリーライダーの問題は，それゆえ国や自治体の財政運営にも影響する話になる。

ところで，「フリーライダー」というタームは，日常会話の用語としても，さまざまな場面で使われている。「負担をしないのに便益を得る人」を非難するときに使うことがあるのだ。「役に立たない社員」を侮蔑するときに使うことさえあるという。誤用・悪用も進んでいるようなので，政策論では慎重に使うようにしたい。

価値財

排除性や競合性の観点からは私的財となるものの，パターナリズム（温情主義）の観点から，政府が市場に介入して公的に供給したほうが望ましいと考えられる財もある。義務教育などだ。こうした財を「価値財」と呼ぶ。英語のまま「メリット財」という言い方をする人もいる。

✏ 問題演習

内政だけでなく，国際政治においてもフリーライダー的な問題状況は見られる。どのような例が考えられるだろうか？

解答は146ページ ▶

外部性

経済活動が市場を経ずに第三者にもたらす影響

▶▶ 外部への影響を考える！

　「市場の失敗」の第三は，「外部性」が存在するケースである。

　「外部性」とは，ある企業または消費者の行う経済活動が市場を経由せずに第三者に与える影響をいう。影響がプラスの場合を「外部経済」（正の外部性），影響がマイナスの場合を「外部不経済」（負の外部性）という。

　このうち，「外部不経済」の話では，必ずと言っていいほど公害問題が例に出される。たとえば，生活に不可欠な化学製品の生産過程で，副産物として有害なガスまで排出してしまうような場合だ。有害なガスは周辺住民の健康や周辺の自然環境に悪影響をもたらしかねない。この場合，排出された有害なガスは，市場を通さずに他者に不利益を与えている。「外部不経済」である。

▶▶ 外部不経済への対応策では課税と規制を考える！

　外部不経済があると，生じた問題を処理するためのコスト（外部費用）がかかる。しかし，外部不経済を発生させた企業は，この外部費用まで含めた「社会的費用」を負担していない。だから，社会的に望ましい水準を超えた過剰な生産を行っていることになる。

　外部不経済については，当事者どうしによる解決もありうる。だが，政府が政策的対応を図ることも多い。

　外部不経済に対する政府の対応の代表格は，課税である。課税により，生産量を減らすのだ。温室効果ガスの排出量に対する「環境税」はこうした課税の例である。

　また，**外部不経済を発生させる企業がそれを軽減したり，減産したりする場合に政府が補助金を支給することもある**。たとえば，環境汚染を引き起こしている企業が汚染防止装置を取り付ける場合などだ。

　ほかには，**政府の力で規制を行う**

集積

　企業が集中して立地すると，生産性の上昇などがもたらされることがある。これを「集積の経済」あるいは「集積の利益」という。取引関係にある多様な企業が集まる工場団地や，同じ分野の企業ばかりが集まったアメリカのシリコンバレーのような地域があるのは，こうした外部経済が得られるためである。

という対応策もある。たとえば，道路の混雑は，市場による調整ができない点で「外部不経済」である。この場合，混雑を解消するため，政府が数量規制を実施することがある。実際，日本でも高速道路の渋滞緩和を目的に，入口閉鎖による数量規制が行われている。

▶ 排出権取引による対応もあり！

　外部不経済は，派生生産物が市場メカニズムに取り込まれていないために起きている。ならば，**問題の派生生産物（についての所有権）を市場取引の対象にしてしまえばよい**というアイデアもある。

　地球温暖化対策でよく出てくる「排出権取引」はそうしたアイデアに基づくものだ。この制度では，企業に一定量の温室効果ガスの排出枠を認める。排出権を取引する市場をつくり，排出枠を超えて排出した企業は，排出枠にゆとりがある企業から排出権を買い取る，という仕組みになっている。

　排出権市場では，排出権価格との兼ね合いで，排出削減費用が安く済む企業は排出権を売って利益を得る。一方，削減費用が高い企業は，市場から排出権を買ってより安い費用で排出枠の基準を達成できる。市場メカニズムが働き，全体としては，最小の費用で排出量の削減が実現できる。

▶ 外部経済への対応策も考える！

　経済活動の結果，市場取引によらずに第三者にプラスの影響をもたらしているケースもある。たとえば，レンコンの生産者が多い地域で，ハスの花を見に観光客がたくさん来るようになったとしよう。この場合，レンコン生産は，観光客に便益を与え，観光にも貢献しているという点で「外部経済」をもたらしている。

　外部経済を発生させた企業は，他者の便益まで含めた社会的な便益を考慮して生産量を決めるわけではない。このため，社会的に望ましい水準よりも過少な生産を行っていることになる。この場合，市場によっては生産量が増えない。そこで生産量を増やすために，政府が介入することがある。多く用いられているのは，**生産支援を目的とした補助金の支給である。**

✎ 問題演習

　農業保護の政策論では，農業が多くの「外部経済」を与えている点がよく強調される。たとえば，どのようなことが挙げられるか？

解答は146ページ　➡

モラルハザード

自己規律を失った状態になること

▶▶ 情報の非対称性は「逆選択」をもたらす！

「市場の失敗」の第四は，情報の非対称性が存在するケースである。

売り手と買い手が商品の品質などについて「対等の情報」を持っていないと，市場メカニズムは十分に機能しない。買い手が知らないことをよいことに，売り手が質の悪い商品を売りつけることもあるだろうし，買い手の不信感が強く，せっかくのよい商品が売れないこともあるだろう。

たとえば，薬局で薬を買うとき，普通の消費者はどの商品がよく効くのかはっきりとはわからない。「高いが非常によく効く薬」を製薬会社が開発しても，十分な情報を持たない消費者は，その薬と「まあまあ効く安い薬」との違いを理解できない。このため，質が低いほうの薬が多く買われ，質の高い薬は市場から消えてしまうかもしれない。「市場の失敗」である。

経済市場では，競争によって良質なものが選択され，悪質なものが淘汰されるはずである。だが，情報の非対称性があるときには，市場によって望ましくないものが選択されてしまうことがある。こうしたことは**「逆選択」**と呼ばれている。

典型的な「逆選択」の例は保険である。たとえば医療保険の場合，顧客の健康リスクに関する情報は，保険会社には詳しくわからない。そこで，保険会社は平均的なリスクの加入者を想定して保険料を設定する。すると，健康な人は保険料が高いと感じて加入しなくなる。結果的に，健康リスクの高い加入者が集まってしまうという「逆選択」が働き，保険市場は存在が難しくなるのだ。（だから，保険会社はセールスレディなどを通じて積極的に健康リスクの低い顧客を開拓している）。

 トクホ

買い手である消費者が情報不足から，価値の高い商品を避けてしまうような場合，公的機関が品質を保証する制度を設けると有効なことがある。

たとえば食品には，コレステロールを正常に保つなどの効果を持つものがある。消費者庁は，こうした食品の審査を実施し，特定保健用食品（トクホ）の表示をすることを許可している。トクホ食品は，同じような食品のなかでは価格が高くなるため，政府が情報提供を通じて「逆選択」が発生しないようにしているのである。

▶▶ 情報の非対称性は「モラルハザード」をもたらす！

　また医療保険の話だが，加入者を獲得したあとも，保険会社は「情報の非対称性」に悩まされる。加入者がどんな生活をするかわからないのだ。

　加入者のなかには，保険に入ったことで安心してしまい，健康の維持に気を遣わなくなる人が出てくるかもしれない。保険会社にとっては，保険金を支払うケースが増えることにもなりかねない。こうしたことを「モラルハザード」という。

　このケースでは，モラルハザードが生じることによって，保険料が上がる。すると健康リスクの低い人が加入しなくなる。また保険料が上がり，最終的には保険市場が成り立たなくなるかもしれない。これも「市場の失敗」である。

　公的な医療保険制度に利用者の自己負担があるのは，モラルハザードを抑制するためでもある。「医療費の無料化」はだれもが喜ぶので，一見するとよい政策のように思えるかもしれない。だが，人々が健康維持への配慮を欠くようになるかもしれないし，軽い病気でも病院に行くようになるかもしれない。結果として病院での待ち時間が長くなったりもするだろう。しかも，医療費をまかなうために保険料や税の負担を増やさなければならなくなる。無料化がよい政策であるとは，簡単には言い切れないのだ。

　社会保障制度には多かれ少なかれモラルハザードが伴う。失業手当が高額なら，就業よりも失業を選ぶ人が出てくる。わざと失業を選ぶ人を増やすような施策はやはりよくない。政策論で，金銭的なサポートを提唱するのであれば，モラルハザードの可能性についても考えてみるべきだ。

　ちなみに，国や自治体の仕事に無駄が多いことについても，モラルハザードだと指摘する人がいる。公務員は仕事内容が厳しく評価されないため，経費削減などの努力をしなくなるという理屈である。

　なお，モラルハザードという言葉は，倫理や道徳という意味での「モラル」が低下したり，欠如したりしているときにも使われることがあるようだ。だが，本来，モラルハザードは情報の非対称性が引き起こす問題を指摘するためのタームである。政策論では注意して使うようにしたい。

✎ 問題演習

　公的な医療保険制度におけるモラルハザードの発生を防ぐための対策には，利用者の自己負担を設けること以外にどういったものがあるか？

解答は146ページ ▶

第**7**章　市場の失敗

セーフティネット

転落防止用の網

▶▶ 綱渡りの人生には安全ネットが必要！

「市場の失敗」は，市場競争がうまく働かないことを意味していた。それとは別に，市場メカニズムが働いた結果，生じる問題もある。

市場が機能していれば競争は避けられない。この競争には新規参入者もどんどん加わってくる。当然，「負け組」も出てきて，市場から退出していく。

「負けるかもしれない」という思いが強くなると，市場への参加をためらってしまう。そのとき，「万一，転落してもだいじょうぶだ」と感じられるように，安全ネットが張ってあれば，挑戦する意欲もわいてくる。こうして新規参入者が増えれば，市場もきっと活性化する。

このように，「セーフティネット」は市場から退出するリスクに対応する社会制度である。**政府は，セーフティネットの制度を整えることによって，市場を補完する。** 失敗しても立ち直って「敗者復活」ができるよう，負けすぎない仕組みを用意しておくのである。

もちろん，病気，高齢，障害などのハンディを負っているために市場に参加できない人もいる。したがって，究極のセーフティネットは「弱者救済」をも目的したものでなくてはならない。

いずれにしても，市場原理が働くところでは，政府によるセーフティネットの用意が必要となる。政策論でも「セーフティネットの必要性」がないかどうか，つねに意識しておこう。

▶▶「第二のセーフティネット」に注目する！

労働市場においては，現在，日本では３層にわたるセーフティネットが用意されている。**雇用保険，「第二のセーフティネット」，生活保護である。** このうち，雇用保険（失業保険）と生活保護は前からあるが，「第二のセーフティネット」は近年

 ナショナル・ミニマム

生存権を定めた憲法25条に基づき，国が国民全員に対して保障する最低水準の生活のこと。生活環境施設の整備なども含め，国が国民の生活のために行うべき最低水準の公共サービスを意味することもある。

なお，自治体が住民のために保障しなければならない生活環境施策の最低基準を「シビル・ミニマム」と呼ぶこともある。

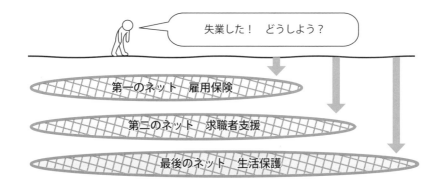

になって制度化された。

　雇用者については，失業によって生活苦に陥らないよう，まず「雇用保険」が第一のセーフティネットとして用意されている。再就職をする意欲があれば，そして雇用されているときに保険料を払っていたのなら，一定期間，失業給付金（失業手当）がもらえる。

　雇用保険での救済ができない場合，今度は「第二のセーフティネット」で対応する。いくつかの制度があるが，**代表格は2011年にスタートした「求職者支援制度」である**。この制度は，非正規雇用者などで雇用保険を受給できない求職者，学卒未就職者，自営廃業者などを対象に無料の職業訓練を実施し，一定の要件を満たす場合には給付金も支給する。生活支援を行いながら，就労を促す仕組みである。

　また，生活保護の受給者増を受け，政府は**2013年に「生活困窮者自立支援法」を制定した**（2018年改正）。「第二のセーフティネット」により生活保護の手前で生活崩壊を食い止め，失業者が早く生活再建に向かえるようにサポートするためである。

　そして，最後のセーフティネットとなるのが「生活保護」だ。国が国民の「健康で文化的な最低限度の生活を営む権利」（憲法25条）を保障する制度である。国民にとっては最後の拠り所と言ってよい。

問題演習

　セーフティネットについては，個人の救済を目的としたもの以外に，企業を対象としたものも制度化されている。どのようなケースを想定したものが適切なセーフティネット施策と言えるだろうか？

解答は146ページ

第7章　市場の失敗

格差是正

社会的な隔たりを縮小すること

▶▶ 所得格差の是正は全体の利益！

　市場メカニズムの利点が発揮されなくなるケース（市場の失敗）のほかで，市場を通じた経済活動の結果がもたらす問題と言えば，所得や資産の不平等がすぐ思いつくだろう。いわゆる貧富の格差だ。

　この問題を是正する政策は，一般に「再分配政策」と呼ばれる。市場によって効率的な資源配分がなされたとしても，それが「公平」な所得分配をもたらすとは限らない（こうしたことを広義の「市場の失敗」ととらえる見方もある）。だから，政府が介入して所得の再分配を行うのだ。

　具体的には，税制や社会保障制度などを通じて，高所得者から低所得者に所得移転を図り，所得格差を是正する。税制では，所得税などで高所得者の負担が大きくなるように「累進課税方式」を採用する。累進課税とは，高所得者に対してより高い税率を課す仕組みだ。

　なお，再分配政策の役割は，所得格差の是正だけにとどまらない。社会保障制度による生活保障の充実は，すべての人にとって「もしものとき」の保険となり，安心材料になる。また，低所得者の生活が保護されることは，社会全体に「すさんだ気分」が蔓延（まんえん）することの防止にもつながる。

　つまり，再分配政策は低所得者だけが恩恵を受けるわけではない。**社会全体にとっての利益にもなるのだ。**

▶▶ 税負担の議論では「余力」を使う！

　どの程度の格差是正が望ましいのかは，「公平」をどのように考えるかによって異なる。だから，再分配の程度は，国によっても，政権によっても違ってくる。再分配政策に

世代間格差

　個人が一生の間に政府に支払う負担額と政府から受け取る給付額は，世代ごとに違う。年金などの給付額が税金や社会保険料などの負担額を上回り，結果的に得する世代もあれば，負担額のほうが多くて損する世代もある。こうした世代間の損得の差を「世代間格差」という。

　この本の読者の多くは，損するとされている世代に属しているはずだ。しかも，若年世代には，財政赤字の縮小や超高齢化社会の運営といった課題が重くのしかかってくる。世代間の負担の在り方は，真剣に議論すべき政策テーマである。

は，目指すべき絶対的な基準がなく，政治的判断が影響しやすいのだ。

　また，**再分配政策は，勤労意欲など「努力する気持ち」に影響を及ぼす。**高所得者のなかには，努力の成果が奪われる感覚を持つ人がいるかもしれない。低所得者のなかからは，努力の必要性を感じない人が出てくるかもしれない。そうしたことに対する配慮も必要だ。

　政策論では，金持ちや大企業から「どんどん取れ」といった議論は，とても短絡的に見える。企業の法人税については，現在，国際競争力維持の観点から，増税ではなく減税が求められている。うっかり大企業の負担増を口にすると，そういう話も知らないのか，ということにもなりかねない。

　課税強化についての言い方にも一工夫あったほうがよいだろう。「高所得者への課税を強化して〜」でも悪くはないが，やや攻撃的な印象も受ける。

　少しマイルドに言いたければ，「担税余力がある所得層には少し多めに負担をしてもらって〜」などと，「余力」を使う手がある。普通，相手に「余力」や「余裕」があれば，負担を押しつける側の心理的プレッシャーは低下する。「余力のある○○には」という言い方は，負担増の議論では便利に使える。

▶ 地域格差問題では自助努力にも触れる！

　経済格差は個人の間にだけ見られるものではない。**企業間，産業間，地域間，国家間にも是正が必要な経済格差はある。**

　そのために，すでに政府もさまざまな再分配政策を採用している。中小零細企業への低利融資，過疎地の地方債の地方交付税による補填，途上国向けのODA（政府開発援助），これらも「弱い者」への経済的な支援であり，再分配政策に含めてよい。

　政策論では地域活性化策がよく課題となる。その際には，地域格差を踏まえた支援策を盛り込む必要も出てくるかもしれない。注意すべきは格差批判と政府支援に力を入れすぎないことだ。こういうときは，一方で格差を自助努力で乗り越える取組みにも言及したほうがよい。

　途上国支援で言うなら，ODAの増額だけ指摘したのではもの足りない。一方で自立を促すフェアトレードの推進などを語るのだ。

✏ 問題演習

　世代間格差の是正には政治的な難しさがある。どういうことか考えてみよう。

解答は146ページ ▶

右余白（縦書き）：第7章　市場の失敗

PARTⅣ 第7章　問題演習の解答

- **ターム34「市場の失敗」** ··p.135
  　政府による経営。たとえば，かつての日本国有鉄道（国鉄），日本電信電話公社（電電公社）など。ちなみに，両社は分割民営化されて，国鉄はJR各社に，電電公社はNTT各社となった。

- **ターム35「フリーライダー」** ···p.137
  　たとえば地球温暖化対策では，自国の負担増を回避しながら，他国の負担で問題が改善することを期待する国が出てくるかもしれない。こうした国はフリーライダーといえる。

- **ターム36「外部性」** ···p.139
  　水田の持つ洪水・土砂崩れ防止機能や，農村による景観保全など。なお，食料・農業・農村基本法は，「農業の多面的機能」として「国土の保全，水源のかん養，自然環境の保全，良好な景観の形成，文化の伝承等」を挙げている。

- **ターム37「モラルハザード」** ···p.141
  　人々が健康管理に努めることを促す対策。たとえば，いわゆる「メタボ健診」（特定健康診査・保健指導）などの実施。

- **ターム38「セーフティネット」** ···p.143
  　想定するべきケースには，連鎖倒産の防止や，突発的災害による経営悪化への対処などが含まれるはずだ。競争に敗れたわけではないが，自己の努力ではどうにもならない外部要因で市場からの退出の危険にさらされているケースなので，セーフティネットによる救済は妥当と考えられる。実際，中小企業に対する金融サポートには「セーフティネット保証制度」と呼ばれるものがある。

- **ターム39「格差是正」** ···p.145
  　損をする世代は若年層であり，まだ有権者でなかったり，有権者であっても人口が少なく投票率も低いために政治的発言力が小さかったりする。しかも，政治家が高齢者の票をより重視するなら，なおのこと格差是正には政治的困難が伴うこととなる。

146

PART IV

政策論の応用

第8章

政府の失敗と官民協働

この章では,
官民協働について考えていく。
民間企業との協働の具体的手法を覚え,
市民社会との協働の在り方などについて考えを深めたら,
この章はクリア!

政府の失敗

政府の介入がもたらす市場のゆがみや問題

▶▶ 政府の市場介入は政治的にゆがみやすい！

　「市場の失敗」が生じるとき，政府は市場に介入してその失敗を是正する役割を担う。また，政府は市場競争で生まれた所得格差を小さくするため，再分配政策も行う。景気安定化のための財政政策も行っている。

　だが，こうしたとき，政府が市場に介入しさえすれば必ずうまくいく，というものでもない。政府によってせっかくの市場の機能がゆがめられてしまう危険もある。「政府の失敗」とは，政府介入が必ずしも社会的に望ましい結果をもたらすとは限らないことをさすタームだ。

　そもそも政府は，市場に介入する際，賢明な判断をしているのだろうか。理想的な状況では，政府は効率性や公平性が改善されることを願って，市場経済に介入する。そしてそのために，一貫性のある政策を合理的・主体的に選択している。ようするに，政府は「みんなのために，きちんとやっている」はずである。

　だが，現実は違う。**政府はときに「みんなのため」よりも「自分の都合」を優先させて市場経済に介入する。**政府の側にも，政策を通じて追求すべき利益があるからだ。実際，政府は規制を通じて，業界に対する影響力を高めようとすることもある。天下り先を確保するために，民間と競合する分野にわざわざ公的機関を設置することもある。

　しかも，「きちんと」のほうも怪しい。現実の政策決定過程には多くのステークホルダーがかかわってくる。政治家たちの関与もある。そのために，どうしても「一貫性のある政策を合理的・主体的に」とはいかない場合が出てくる。関係者間での利害調整の結果，「中途半端な政策」

インクリメンタリズム

　政治的制約を前提とした意思決定理論に「インクリメンタリズム」と呼ばれるものがある。意思決定が漸進的に（順を追って徐々に）進められる点に着目していることから，「漸増主義」などと訳されている。

　この理論によると，多くの政策立案者は，理想の追求よりも現実の弊害除去のために政策の立案に着手する。そして，公共利益よりも所属機関や対象集団の利益を念頭に政策を検討する。しかも，実際に検討されるのは，現行業務にわずかな修正を加えるなど，達成可能と思われる少しの選択肢だけである。

が決まってしまうこともあるだろうし,「とにかくなんとかしろ」という政治家の指示で,「場当たり的な施策」を実施しなければならないことだってあるだろう。

　政策が変わる可能性がある以上,民間企業や利益団体や「地元」が政治家や官僚に働きかけるのも当然だ。そのために,公共事業が政治家の地元への利益誘導に使われたり,規制がじつは既存企業や特定業界の保護になってしまったりするのだ。

　このように利権を得たり既得権益を守ったりする活動を「レント・シーキング」と呼ぶ。政府の介入がなければ,こうした活動に使うエネルギーも要らないはずだから,これも「政府の失敗」だ。

▶ 政治的作為だけが原因ではない！

　「政府の失敗」は,政治的な意図を持った行動とは違う要因でも起きる。

　第一に,政府の活動は,競争がないことから無駄を生みやすい。

　政府は,競争にもさらされず,倒産もしない。だから,コスト削減に取り組む意欲はわきにくい。当然その分だけ,余分（extra）のコストがかかっているのだから非効率だ。経済学では,これを「Ｘ非効率」という。

　第二に,政府の政策にはタイムラグが伴う。

　政府が問題を認識し,対処方針を決めて実施するまでに,やたらと時間がかかる。しかも,議会や関連団体などとの政治的調整も求められる。さらに,実施後も,政策効果が現れるまでに時間がかかる。ようするに,政府の政策では,「認知のラグ」,「実施のラグ」,「効果のラグ」の３つのタイムラグが発生しやすいのだ。

　第三に,政府の市場介入は予想通りの効果を発揮しないことがある。

　政府だからといって完全な情報を持ち合わせているわけではないし,消費者や企業が政策にどう反応するかについては制御できない。このため,政府が政策の結果を正確に予測することは難しく,効果が出ないこともあるのだ。

　政策論では,政府のもたらすマイナス点も意識して意見を述べよう。ただ,公務員を志望する以上,批判的になりすぎるのはどうかと思うが…。

✏ 問題演習

　日本では官庁間や部局間での横の連携がうまくなされず,行政が非効率になっているとの指摘がある。一般に「○○○○行政」と呼ばれていて,これも「政府の失敗」をもたらすと考えられる。どんな言葉が入るか？

解答は160ページ ➡

第**8**章
政府の失敗と官民協働

規制改革

規制の緩和・撤廃・見直し

▶▶ 規制改革は市場を活性化させる！

　政府は，市場に提供される財・サービスの価格，数量，品質などについて規制したり，市場参加者について参入や退出を規制したりする。こうした経済的規制の多くは，少なくともタテマエでは，効率性の改善や公平性の確保を目的としている。

　だが，政府による過剰な規制が市場の競争を阻害していることがある。すでに「政府の失敗」のところで見たように，ホンネでは利権や既得権益の維持を意図したものもある。

　こうしたとき，問題解決に役立つのは，**市場の活性化を促す「規制緩和」である**。政府の規制を取り除いたり緩めたりして，民間企業などがより自由に活動できるようにするのだ。

　たとえば，近年，日本では参入規制の緩和により，いくつもの新しい航空会社が誕生した。しかも，航空運賃の設定に関する規制も緩和されたため，新規参入企業の登場は価格競争を促し，航空運賃の引き下げにもつながった。規制緩和が成功した例として，よく出てくる話である。

　なお，現行の規制について検討すべきことは，緩和や撤廃だけではない。規制は，より効果のある手法・技法が開発されたときには，当然，やり方を変えたほうがよい。政府が進める規制の見直しには，こうした改善も含まれている。そのため，**全体の呼び方は「規制緩和」ではなく「規制改革」である**。

　規制・制度を見直すときの「視点」は３つある。①多様で質の高いサービスの提供を妨げている規制・制度はないか，②新たな事業者の参入や，事業者の創意工夫を妨げる規制・制度はないか，③手続きの煩雑さが負担になったり，ムダや非効率を生んでいる規制・制度はないか，の３点である。政策論で規制について考えるときには，こうした視点を活用しよう。

 復興特区

　「特区」は東日本大震災の被災地復興にも利用されている。「復興特区」に対しては，各種規制緩和に加え，税制上の特例措置，復興事業の融資への利子補給などを行っている（対象自治体は，2020年度までは11道県の227市町村，2021年度以降は3県の86市町村）。

▶▶ 特区制度を利用する！

　**規制緩和の代表的手法の１つに
「特区」の設置がある。** 特区とは，
国の規制を「特別に緩和する地区」
のことである。

　規制が必要だとしても，全国一律
だと，地域によっては独自性を発揮
するうえで障害になることがある。
そういう認識に立っているのだ。

国家戦略特区

　従来の特区では実現できなかった大胆な
規制・制度改革を行うため，国が主導して
指定するトップダウン型の特区。「世界で
一番ビジネスをしやすい環境」をつくるの
が目的で，政府の成長戦略の目玉政策の１
つとなっている。2022年末現在，10区域
が指定されている。

第 8 章

政府の失敗と官民協働

　日本での特区の利用は，小泉政権のもと，2003年に「構造改革特区」とし
て始まった。手続き的には，自治体が独自に，あるいは民間事業者の提案を受
けて，政府に特区の認定を申請する。採用されれば，指定地域において規制が
緩和される。ただし，補助金などの支援はない。

　政府としては，採用した特区の成果がよければ，規制緩和を全国に広げるこ
とを考える。結果として日本全体の規制改革が実現する。**財政負担なく地域の
活性化が図れる，** というのがねらいだ。

　この政策により多種多様な特区が誕生してきた。小中一貫教育や外国語教育
の充実を求める「教育特区」や，農地の貸借による企業の農業経営を認める
「農業特区」があちこちにできた。ただし，これらについては後に規制が全国
規模で緩和され，今では取り消しとなっている。特区がきっかけとなって，そ
れだけ多くの規制改革が進んだということだ。

　現在は，「ワイン特区」や「どぶろく特区」など，酒税法の特例を受ける特
区が目立つ。そのほか，福祉施設の職員の要件緩和などを図る特区がある。

　**政策論では，規制緩和がただちに全国規模でできなさそうな場合，「特区」
を提案するとよいだろう。** ちなみに，安倍政権は「国家戦略特区」を導入した
（コラム参照）。

✎ 問題演習

　類似の内容で70を超える特区が認められ，後に全国規模で規制緩和が図ら
れた事業がある（現在，特区は取り消し）。NPO等が過疎地で行う有料サービ
スを可能にする規制緩和が図られた特区で，道路運送法の許可にかかわるもの
だが，いったいどういう内容のものだったのだろうか。

解答は160ページ ▶

PPP／PFI

Public Private Partnership／Private Finance Initiative

▶▶ 官民連携の理念の深化を踏まえる！

　公共サービスは，今や民間の協力を得て進めるべきものとなっている。官と民との連携は当然視されており，「官民連携」，「官民協力」，「官民協働」といった言葉も普通に使われるようになっている。

　官民連携の理念については，NPM（New Public Management）からPPP（Public Private Partnership）への展開をまず理解するとよい。

　NPM（新公共経営）とは，財政赤字の拡大等を背景に1980年代にイギリスなどで唱えられた公共経営についての新しい考え方である。政府の非効率を是正するために**行政に市場メカニズムや民間企業経営の手法を取り入れようとしたのが特徴だ**。NPMでは，行政を「サービス業」とし，住民は「顧客」と位置づける。そのうえで，民営化や競争原理の導入によって公的サービスの効率化と質の向上を図ろうとする。

　これに対し，PPP（Public Private Partnership）は，1990年代後半から欧米諸国で普及し始めた公共経営に関する考え方である。文字どおり，**官と民がパートナーを組んで，事業を計画・実施しようとする点が特徴だ**。

　NPMでは官が民に依頼して官の効率化に協力させようとしたのに対し，PPPでは官が民の意見を受け入れ，あるいはもう民に任せて，官が行うべき事業を立案・実施する。PPPの概念はNPMの発展型と言ってよいだろう。

▶▶ 公共事業を語るときはPFIに言及する！

　PFI（Private Finance Initiative）とは，民間資金を活用した社会資本整備手法のことである。1992年にイギリスで導入されたのが始まりだ。

　従来の公共事業では，国や自治体が基本的な事業計画をつくり，資金の手当をし，そのうえで必要な設計，建設，維持管理などについて，個々に民間業者を選定していた。

　一方，PFIでは，国や自治体が基本的な事業計画はつくるものの，あとの実務は選定された事業者に一括してゆだねてしまう。そして，関連企業により構成される「選定事業者」が，資金調達から，設計，建設，維持管理，運営までを担う。民間事業者の創意工夫を尊重することで，財政資金の効率的な使用が

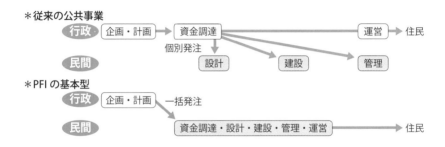

期待できるのが，最大の利点だ。

　PPPの考え方を取り入れたPFIになると，事業の計画段階から民間事業者の提案を受け入れるようになる。また，運営面では，施設の所有権は行政側に残すものの，**施設の運営権を長期にわたって民間に付与する「コンセッション方式」が採用される**ようになる。

▶▶ 改正PFI法では運営権がポイント！

　日本でも，「民間資金等の活用による公共施設等の整備等の促進に関する法律」，**いわゆる「PFI法」が1999年に制定され，PFI事業が国・自治体で行われるようになった。**これまで，図書館などの文教・文化施設，福祉施設，廃棄物処理施設，下水道施設，公務員宿舎，刑務所などで建設・運営された例がある。

　2011年の改正PFI法は**コンセッション方式を採用し，「公共施設等運営権」を認めた。**これにより，公共施設の運営権を得た民間事業者は，施設のサービス内容や利用料金を決められるようになった。

　行政にとっての「コンセッション方式」の利点は，完全民営化と異なり，施設所有権を持っているため，契約期間ごとに民間事業者を競争で選べることである。それにより事業者の経営努力が図られ，提供されるサービスの質の向上も期待できる。住民にとってもメリットのある手法だ。

> **PFI 推進機構**
>
> PFI事業への金融支援を行う官民連携ファンド（正式名称は，民間資金等活用事業推進機構）。国の資金を呼び水として，インフラ事業への民間投資を促す。2013年設立。

✏ 問題演習

　PFI事業で行政が注意すべき点は何か，考えてみよう。

解答は160ページ

第8章 政府の失敗と官民協働

公共サービス改革

競争入札による公共サービスの改革

▶▶ 民間にできるサービスは「市場化テスト」にかける！

　官民協力の理念のもとで採用された公共経営の手法には，じつにさまざまなものがある。民間企業の経営手法でコスト削減の努力を進め，行政機関の運営を効率化させることも，一部の行政機関の「民営化」や一部の行政事務の「アウトソーシング（外部委託）」も，この考え方のなかに含まれている。

　「官と民の垣根を超える」ことを目的とした改革は3つに分けて整理できる。①公共施設整備における改革，②公共サービスの改革，③公益法人制度の改革である。

　このうち，政策論で重要なのは，政策実施のハード面である①と，そのソフト面の②である。①は具体的にPFIであり，②の**「公共サービス改革」**とは，**官民競争入札・民間競争入札を導入することで，公共サービスの質の向上とコストの削減を目指す改革である。**

　公共サービス改革は，行政を民間に開放するだけでなく，行政手続きの透明性を確保することにもつながる。また，官と民との競争入札を通じ，役所が公共サービスの提供者にふさわしいのかを問うことにもなる。これはすなわち，そのサービスが市場化できるかどうかを確認することだから，**官民競争入札はしばしば「市場化テスト」とも呼ばれている。**

　法的には，2006年に制定された「競争の導入による公共サービスの改革に関する法律」（公共サービス改革法，または市場化テスト法）に基づく。国の場合，対象事業は官民競争入札等監理委員会が選び，閣議で決定する。

　実際に，官民競争入札によって民間が行うようになった国のサービスには，施設の管理運営，統計調査，

第三セクター

　公共（第一セクター）と民間（第二セクター）との共同出資で設立された法人。公共側の「公共性」と民間側の「効率性」を兼ね備えることが期待され，1980年代以降，地方自治体主導で各地に設立された。地域開発事業や交通事業での利用が多い。実際，よく知られているように，赤字のため廃止が決まった鉄道路線の継承事業体である「第三セクター鉄道」が各地に存在する。第三セクターには，もともと採算性が低い事業を行うものも多く，経営難に陥っている法人も少なくない。

国民年金保険料等の徴収，求人開拓等のハローワーク事業などがある。また，自治体でも窓口業務などで実施されている。このように，官民競争入札の対象範囲は広い。

▶ 自治体の施設管理は「指定管理者制度」を利用する！

　自治体における公の施設の管理・運営は，民間の企業・団体に費用を払って代行させることもできる。ねらいはもちろん，民間のノウハウによる住民サービスの質の向上である。2003年の地方自治法の改正で導入された。

　自治体は，そうした施設がある場合，管理者を公募し，審査し，議会の議決を経て指定する。ゆえに，この制度は「指定管理者制度」と呼ばれる。

　対象となる施設には，体育館やプール等のスポーツ関連施設，図書館や生涯学習センター等の文化教育施設，高齢者施設や保育所等の社会福祉施設などがある。道路，港湾，下水道，駐輪場などにも適用できる。

▶ 独立行政法人化はもう古い！

　政府の業務遂行のみを行う部門を分離し，民間企業並みの経営を行わせるために設立されたのが「独立行政法人」である。対象は，国が直接に実施する必要はないものの，民間に任せたのではうまくいかないような業務である。NPM（新公共経営）の手法として1980年代のイギリスで考案された「エージェンシー」が原型で，日本には2001年以降に設立された。

　たとえば，国立公文書館，造幣局，国立印刷局，国際交流基金，国立美術館，宇宙航空研究開発機構（JAXA）などが独立行政法人である。

　独立行政法人については，行政改革の一環として，統廃合や民営化の必要性がつねに指摘されている。2013年，政府は100ある独立行政法人を87にする基本方針を閣議決定し，実施した。

　政策論で民間企業の経営手法の導入を考えるとき，行政組織の独立行政法人化を提唱することはあまり勧められない。統廃合が話題になるものなのだから，増やす提案は避けるべきだ。

（第8章　政府の失敗と官民協働）

✎ 問題演習

　「独立行政法人」と同様の考え方に基づき，2004年に文部科学省の内部組織から独立した，全国に86存在する法人とは何か。

解答は160ページ →

155

新しい公共

市民・事業者・行政の協働を重視した「公共」の考え方

▶▶「公共」の担い手の多様化を意識する！

　行政を論じる際，近年「新しい公共」というタームがよく使われるようになった。**国民・住民，NPO（非営利団体），企業等が公的な財・サービスの提供にかかわることで「公共」の充実を図ろうという考え方だ。**

　日本では明治維新以降，国家が経済社会システムの運営に大きな役割を担ってきた。行政は，産業を育成したり規制したりして，経済活動をコントロールしてきた。生活保障のために制度を整備したり支援の手を差し延べたりして，人々の社会生活に影響を与えてきた。

　それが誤りであったわけではない。ただ，**個人の価値観が多様化するなか，行政の一方的な判断による「上からの公共の利益の実施」だけでは，現代社会のニーズが満たせなくなってしまった。**しかも，財政上の制約などから，行政ができることには限界が出てきた。

　一方で，民主的な政治参加意識の高まりを受け，「上からの公共の利益の実施」に期待するのではなく，自ら動いて公益の増進を図ることも必要だとの認識が国民の間に広がってきた。また，文化的には，自分の利益だけを追求する振る舞いに疑問を投げかけ，「共感」や「コミットメント」といった価値を大事にしながら生きていこうとする人たちが増えてきた。

　「新しい公共」では，これまで行政が独占的に担ってきた「公共」を，これからは国民・住民，事業者，行政の協働によって実現させていこう，と考える。住民参画と民間活力があれば，多様なニーズにきめ

ソーシャル・キャピタル

　ソーシャル・キャピタルは，人々の協調行動を活発化させ，社会の効率性を高めることのできる社会的特徴である。具体的には，信頼，規範，ネットワークなどをさし，こうしたものが希薄だと社会制度や政治制度の有効性にも悪影響が出るとされている。言うまでもなく，「新しい公共」はこのソーシャル・キャピタルを高め，相互信頼が高く社会コストが低いコミュニティの形成を促そうとしている。

　なお，ソーシャル・キャピタルは，直訳すれば「社会資本」となる。だが，「人と人とのつながり」にかかわる社会的基盤であることをはっきりさせるために，もし訳すとすれば「社会関係資本」あるいは「人間関係資本」などと「関係」を補うのが一般的になっている。

細かく応える公共サービスが提供できるようになる。しかも，参加者は自分の居場所や出番を実感できる。つまり，「新しい公共」は政府の言うように「人に役立ち，幸せを大切にする社会」の形成に寄与できるのだ。

「新しい公共」の有効性は，教育・子育て，まちづくり，介護・福祉といった，生活に身近な分野において発揮されやすい。こうした分野では，官だけではうまくできなかった公共サービスが官民協働で実施できるようになったり，市民，NPO，企業などが公共サービスの提供主体となったりすることが期待されている。

▶▶「新しい公共」には財政支援が不可欠！

「新しい公共」を普及させるためには，官民の役割分担を見直し，NPOや社会的企業（収益事業を通じて社会問題の解決を図る企業）などが活動しやすいように，制度改革を図る必要がある。

1998年に制定された特定非営利活動促進法（NPO法）は，NPOに法人格を付与することで，その健全な発展を促進するとしている。その後の改正法（2011年，2016年，2020年）では，NPOの活動分野が拡大され，届け出の簡素化などが図られた。

また，新しいNPO法人に対する寄付もしやすくなった。NPO法人は，一定の条件を満たす場合，「認定特定非営利法人（認定NPO法人）」に認定される。これに対して寄付した者は，寄付金について税金の控除を受けられる。改正法はこの認定の改革を図り，認定要件の基準を緩和するとともに，財政基盤が弱い設立間もないNPO法人について，「スタートアップ支援」として有効期間3年の「仮認定」を付与することとした。

さらに，改正法は，この認定事務を国税庁から地方自治体に移管した。この結果，NPO法人関連の事務は地方自治体で一元的に管理されるようになった。これによって，自治体とNPO法人の協働がさらに容易になるものと期待されている。

第8章 政府の失敗と官民協働

問題演習

NPOに関する以下の選択肢のうち，正しいものはどれか。
1　宗教団体も公共目的の活動をしていれば，NPO法人になれる。
2　どのNPOに対する寄付も税金の控除の対象となる。
3　政治上の主義を推進するものは，NPO法人にはなれない。

解答は160ページ

住民参画

行政の意思決定過程への住民の関与

▶ 最低でも広聴は実施する！

地域社会との協働における不可欠な要素に「住民参画」がある。政策立案から政策実施に至るまでのあらゆる段階で，住民参画は進められている。

特に重要なのは政策決定過程への参加だ。政策立案に先立ち，行政が住民の要望などを積極的に聞こうとする姿勢はきわめて望ましい。

こうした活動は「広聴」と呼ばれている。広く意見を聴取するので「広聴」である。「公」を使うと違う意味になるので注意が必要だ（コラム参照）。

たとえば，行政は「広聴会」を主催し，多くの住民から直接意見を聞く。なぜか「広聴」というタームは好まれず，会合のネーミングでは「まちづくり懇談会」などがよく使われる。ただし，市長が参加するものについては，「市長と語る会」などと呼ぶのが一般的だ。いずれも，基本的には各住民が思い思いに自分の考えを行政に伝えるといった形式をとる。

住民個人からの意見を集める広聴活動も，さまざまな形で行われている。最近では，各自治体はホームページにも，「ご意見」や「ご提案」などのリンクがついているのが普通になった（これを「ご意見箱」と呼ぶ自治体もある）。なかには，「市長への手紙（メール）」といった名前にしている自治体もある。

一方，関係者個人のもとへ出向いて，直接意見を聞いてくる活動は「ヒアリング」と呼ばれる。形式上は広聴だが，協力要請がねらいということもある。

こうした広聴活動については，「不満の表明が多く建設的ではない」といった見方がある。だが，**不満も含めて住民の要望を聞こうという態度は，政策担当者が当然持つべきものである**。「周辺住民との対話の場を設け～」とか「ご意見箱なんかも置いて～」といった提案は，違和感なく受け入れられるはずだ。

 公聴

広く意見を聴取する「広聴」に対し，学識関係者や利害関係者など，限定された人たちから意見を聴取する活動は「公聴」と呼ばれる。だから，公務員や政治家が集まって専門家などの意見を聞こうというときに開かれるのは「公聴会」だ。

なお，公聴会は国会の法案審議過程でも開くことがある。予算審議では，国会法の規定で公聴会開催が義務づけられている。

▶ 住民の熟議に期待する！

広聴会ではなく，住民たちが話し合い，その結果を行政に伝えて政策に反映してもらおう，という意図を持った会合もある。「住民会議」や「住民ワークショップ」などと呼ばれている。自治体主導のものも，住民主導のものもある。

「住民自治」の理念からしても，「熟議の民主主義」の考え方からしても，地域住民が政策について話し合うのは望ましいことだ。先に述べた「新しい公共」の理念とも合致する。

パブコメ

政府機関は，法律に基づく命令などによって政策実施を図る際，行政手続法の規定により，あらかじめ国民からの意見を公募しなければならない。これをパブリック・コメント，略して「パブコメ」と呼ぶ。自治体でも手続条例を定め，計画案などについて同様の意見公募を実施しているところが多い。なお，「パブコメ」ではネットの利用が認められており，ネット上で見ることも届けることもできる。

アメリカでは，道路建設などの公共事業で計画策定段階からの住民参画が進んでおり，これを「**パブリック・インボルブメント（PI）**」と呼んでいる。住民を積極的に政策決定に巻き込もう（インボルブメント）というのだ。

日本でも，国土交通省が2002年に「市民参画型道路計画プロセスのガイドライン」を定めており，すでにいくつかの自治体が道路建設等でPIを実践している。具体的には，行政からの事業説明をもとに，住民による検討会や住民アンケートなどを繰り返して，意見募集と意見集約を図る。行政が段取りを組むものの，公共事業の計画策定に住民が深く関与する仕組みだ。

一方，**住民の自律的意思決定については，近年，「ガバナンス」というターム**もよく使われている。政治・行政における「ガバナンス」とは，政府（ガバメント）に頼ることなく，地域社会がメンバーの自主的判断によって健全に統治されている状態を意味している。「住民会議」や「住民ワークショップ」などには，しばしばガバナンス指向が強いものが見られる。

ガバナンスはたしかに概念的には政府と対立する。ガバナンス指向が強い人のなかには行政敵視の人もいるかもしれない。それでも，官民協働の時代，行政はこうした住民参画活動を取り入れる方向で努力すべきだろう。

✎ 問題演習

住民参画の活性化には社会形成・社会参加に関する教育の推進も重要である。一般にこれは何教育と呼ばれているか。

解答は160ページ ➡

PARTⅣ 第8章　問題演習の解答

・**ターム40「政府の失敗」** ……………………………………p.149
　縦割り。横の連携がなく，縦の関係が重視されているため。

・**ターム41「規制緩和」** ………………………………………p.151
　タクシーが少ない地域で，NPO法人などが営業用でない一般車で障害
者らを有料で送迎するサービス。

・**ターム42「PPP／PFI」** ………………………………………p.153
　民間に幅広い業務を任せるPFI事業では，公共サービスの質の維持のた
め，事業者の選定に慎重を期す必要がある。また，事業者の業務状況を把
握し，必要な指導もしなければならないだろう。

・**ターム43「公共サービス改革」** ……………………………p.155
　国立大学法人（国立大学法人法により設立されているが，独立行政法人
通則法の規定も多く準用されている点で，独立行政法人の一形態と考える
ことができる）。

・**ターム44「新しい公共」** ……………………………………p.157
　3

・**ターム45「住民参画」** ………………………………………p.159
　シティズンシップ教育

PART IV

政策論の応用

第 9 章
政策の評価

政策は,
その導入が有効かどうかについて
評価されなければならない。
「公共政策」の論述でも,
しばしば政策評価基準を示すことが求められている。
この章では,
政策評価の考え方と手法について学ぼう。
政策の評価について語れるようになったら,
この章は, そしてこの本はすべてクリア!

PDCA サイクル

計画，実施，評価，改善を繰り返す事業管理方式

▶▶ 評価の重要性を意識する！

　何についても言えることだが，「やりっぱなし」はよくない。活動の後にはその成果について評価を行い，反省が必要ならそれも踏まえて，次につなげていくことが大切だ。

　政策についても同じことが言える。政策を立案し，実施をすれば，それで終わり，というわけにはいかない。政策が有効であったかどうかを評価し，必要ならば改善を加えて，次の政策立案に反映させなければならないのだ。

　こうした一連の流れについては，「PDCA サイクル」という　タームがよく使われている。**計画（Plan），実施（Do），評価（Check），改善（Action）の頭文字を取った言葉である。**もともと民間企業の生産管理用語だったが，今では行政の事業マネジメントに関する記述にもよく登場する。

▶▶ 評価は改善につなげる！

　「PDCA サイクル」では，サイクルの考え方が重要だ。「評価」によって是正すべき点が見つかればアクションを起こさなければならない。評価に基づき，改善策や次の施策の立案を図る。政策をよりよいものにするには，こうした政策のマネジメントサイクルを繰り返すことが大切なのだ。

　最近では，政府の長期目標にも「PDCA サイクル」は出てくる。目標年次における数値目標を掲げ，

 EBPM

　証拠に基づく政策立案（Evidence Based Policy Making）の略語。効果的・効率的な政策決定と政策実施に向け，統計データや各種指標などを活用する手法。日本でも中央官庁の各府省にはEBPMを推進する部局が置かれ，取組みが進められている。

「個々の具体策の毎年の実績を評価・検証し，最終年度の目標達成に向けて改善を積み重ねる」などと述べるのだが，そういうとき「PDCAサイクル」というタームや図を入れるのが，政府文書では定番化している。

政策論では，評価の必要性や評価基準を述べただけで満足してはいけない。「PDCAサイクル」を意識していることがわかるように，「改善点があればすみやかに是正し〜」などと一言つけて，「次につながる」ようなまとめ方をしよう。

 点検

「点検」は問題点がないかどうかを確認する行為である。政策評価では，しばしば「点検・評価」とワンセットにして使われる。また，独立行政法人や国立大学法人，あるいは自治体の教育委員会など，独立性が尊重されるべき機関では「自己点検・評価」というタームを使う。

第9章　政策の評価

▶ 評価したら点検する！

政策評価は，国の行政機関については2002年に施行された「評価法（行政機関が行う政策の評価に関する法律）」に基づき，各府省において実施計画を策定したうえで，行われている。同様に，各自治体も，行政評価条例や政策評価条例などを定めて，政策評価を実施している。

政府の政策評価制度が掲げる目的は，①効率的で質の高い行政を実現すること，②成果重視の行政を実現すること，③行政の説明責任を果たすこと，の3点である。政策評価は，たんなる効率性の追求にとどまらず，「責任ある行政」を国民に示すための手段でもあるというのは，大事なポイントだ。

各府省では，評価を終えると政策評価書をまとめ，有識者会議などで評価内容を確認してもらい，そのうえで公表する。国会にも報告される。この政策評価書は，各府省のホームページで見ることができる。

その後，各府省の評価結果は，**総務省（行政評価局）の「点検」を受ける。**政策評価については総務省から各種のガイドライン（具体的活動の誘導指針）が示されているため，まずそれに沿って実施されたかが点検される。さらに，評価の妥当性に疑問がある場合には，評価内容についても点検する。必要ならば再評価が求められることもある。

✏ 問題演習

文部科学省は，教育水準の向上のため，PDCAサイクルに基づき，「教育の結果を検証し，その結果を踏まえて絶えず改善を図る」としている。そのための施策として，学校評価の推進以外に実施されているものとは何か。ニュースなどで使われる俗称でかまわない。

解答は172ページ ▶

アセスメント

指標に基づく事前評価

▶▶ 評価のタームは段階別に使い分ける！

政策は，よくピラミッド型の構成になっていると言われる。基本的な政策目標があり，その下に達成すべき具体的目標があり，さらにその下に個々の事業があるからだ。たとえば，「地球温暖化対策」という大きな政策目標の下には，「省エネ技術の開発」や「国民運動の実施」といった施策があり，さらに前者の下には太陽光発電の導入促進，次世代自動車の開発支援，LED電球の普及促進といった個々の事業がある，といった具合だ。

政策がこのように段階的に構成されている以上，**政策評価もそれぞれの段階にふさわしい形で実施されなければならない**。個々の事業については，コストに見合った効果が得られるかを事前によく評価・検討したほうがよいし（事業評価），施策については着実に目標達成に向かっているか，定期的・継続的なチェックが重要だ（実績評価）。一方，政策全体の評価については，さまざまな影響が出ることを考えて，ある程度時間がたってから，政治価値的な内容も含めて総合的に行ったほうがよいだろう（総合評価）。

政策評価の議論では，「事業評価」，「実績評価」，「総合評価」といったタームを使いこなしたい。また，政策評価には，政策決定前の「事前評価」と決定後の「事後評価」がある点も重要だ。2つを使い分け，「○○については事前評価が必要だ」といった指摘ができることが望ましい。

評価方式	対象	時点	目的	方法
事業評価	事務事業など	事前評価（必要ならば事後評価も）	事業の採否・選択に役立てるため	期待される政策効果やそれに要する費用を推計・測定する
実績評価	主要な施策	事後評価（定期的・継続的に実施）	施策の見直しや改善に役立てるため	あらかじめ目標を設定し，その達成度合を評価する
総合評価	重要政策課題	事後評価（一定期間経過後に実施）	問題点を把握し，原因を分析するため	政策効果の現れ方をさまざまな角度から掘り下げて分析する。

（総務省HPを参考に作成）

▶▶ 事前評価重視の方向性を踏まえる！

国民生活や社会・経済に与える影響が大きい政策や多額の費用を要する政策については，事前評価が必要である。「評価法（行政機関が行う政策の評価に関する法律）」も，一定規模以上の研究開発，公共事業，政府開発援助と，規制ならびに租税特別措置等に関する施策で，事前評価を義務づけている。

また，都道府県においても，同様に，公共事業などの事前評価が実施されている。公共事業は特に「透明性」が重視される政策領域であるだ

行政事業レビュー

「行政事業レビュー」とは，2010年から実施されている予算執行の評価プロセス。具体的には，「原則すべての事業について，予算が最終的にどこに渡り（支出先），何に使われたか（使途）といった実態を把握し，これを国民に明らかにしたうえで，事業仕分けの手法も用いながら事業の内容や効果の点検を行い，その結果を予算の概算要求や執行等に反映させる取組」である。各府省に設けられる「予算監視・効率化チーム」が中心となって実施される。

なお，個々の事業のレビューの結果は「レビューシート」にまとめられ，インターネット上で公開されている。

けに，事前評価はそのためにも必要な手続きと見なされている。

事前評価については，しばしば「アセスメント」というタームが使われる。 さまざまな指標を定め，それに従って事業の実施に先立ち査定・評価することを意味する言葉である。

よく知られているのは「環境アセスメント（環境影響評価）」だろう。大規模な地域開発事業を行うときなどに，それが周辺の環境にどのような影響を与えるかについて事前に調査，予測，評価を行う手続きのことだ。国でも自治体でも実施されている。対象事業は「環境影響評価法」が定めている。

環境アセスメント制度では住民との意見交換も重要である。住民は，アセスメントが行われる前に，その方法について意見を述べることが認められている。もちろん，アセスメントの結果について意見を出し，修正を求めることもできる。事業者（国・自治体）は，出された住民の意見などを踏まえて，最終的に必要な環境保全対策などを決めていくことになる。

✏ 問題演習

労働災害防止対策では何についての事前評価が必要か。○○○評価，あるいは○○○アセスメントというタームをつくって答えてみよう。

解答は172ページ ➡

第9章　政策の評価

効　率

使った資源量と得られた効果の比率

▶▶ 評価はいろいろな基準で行う！

政策評価はどういう観点から行われるべきだろうか。政府の「政策評価に関する基本方針」によると，**「必要性」，「効率性」，「有効性」の３つがまず重要**とされている。さらに，政策の性質によっては「公平性」を加えたり，評価結果が出た後で「優先性」を判断したり，といった観点が必要になる。

①**必要性：政策目的が国民や社会のニーズに照らして妥当か，という観点**。行政が担う必要があるのか，上位の政策目標やほかの政策目標との整合性はとれているか，なども併せて検討される。

②**効率性：投入された資源量に見合った効果が得られるか，という観点**。必要な効果をより少ない資源量で得られないか，同じ資源量でより大きな効果が得られるものがほかにないか，などが検討される。

なお，資源量のうちの金銭的支出に着目した「**費用対効果**」あるいは「**コストパフォーマンス**」という言い方も，普通に使う。言うまでもなく，効率性は，「行政の無駄」の排除や「行政の非効率」の改善が求められるなか，とりわけ重要な評価ポイントになっている。

③**有効性：得ようとする効果が得られているか，という観点**。政策の実施により期待される効果が得られそうか，あるいは実際に得られているかが検討される。

④**公平性：政策の効果の受益や費用の負担が公平に分配されているか，という観点**。ただし，この公平性は効率性とトレードオフの関係になりやすいので，あくまでも政策の性質によって加える観点とされている。

⑤**優先性：ほかの政策よりも優先的に実施すべきか，という観点**。事

アウトカム

行政活動に投入された資源，すなわち「インプット」が産み出した行政サービスを「アウトプット」という。一方，その行政サービスによってもたらされた成果を「アウトカム」と呼ぶ。たとえば，道路予算をインプットしたとき，道路幅を何メートル広げたかというのは「アウトプット」であり，それによってその道路の渋滞がどれだけ減ったかというのは「アウトカム」である。つまり，アウトカムは国民・住民が受けた便益だ。

言うまでもなく，成果重視の行政では，アウトカムに着目した目標を設定し，それについて評価することが重要となる。

前評価結果を踏まえたうえで利用される観点である。

▶ パレート効率性は意味理解で十分！

経済学でいう「効率性」は「パレート効率性」と呼ばれるものである。財やサービスの資源配分について「ほかのだれかの効用を悪化させないと，ある人の効用を高められない」状態がある。こうした場合に

経済波及効果

ある産業で需要が増えて，生産が増えたとしよう。このとき，その産業に加えて，原材料を提供する産業の生産も増える。すると，これらの産業で働いている人の所得が増えて消費も増える。それがさらにほかの産業の生産を増やしていく…。

こうした一連の効果の合計額が「経済波及効果」である。経済波及効果は産業連関表から計算することができる。

「資源配分は無駄なく効率的になされている」と考える。**これを「パレート効率性」という**。経済学者V.パレートが指摘した効率性の基準だからだ（ちなみに，経済学でいう「効用」とは，財やサービスの消費から得られる満足度のことである）。

パレート効率性については，厚生経済学の基本定理が知られている。完全競争市場における均衡によって実現される資源配分はパレート効率的である（第一基本定理）。任意のパレート効率的な資源配分は，適切な再分配を行えば，完全競争市場の均衡によって実現できる（第二基本定理）。

また，**ほかのだれかの効用を悪化させることなく，ある人の効用を高めることができることを「パレート改善」という**。ある政策の導入によって，パレート改善が図られるならば，その政策は「効率性」の観点から望ましいものとなる。ただし，パレート改善については，低所得者の効用はそのままだが，高所得者の効用が改善される，といったケースも当てはまることに注意しよう。資源配分がパレート効率的であるからといって，それが公平であるとは限らないのだ。

ちなみに，政策論では，難易度の高い国家総合職の「公共政策」以外では，「パレート○○」というタームが使われる可能性は低いだろう。パレートさんには悪いが，深入りする必要はない。

 問題演習

効率については「時間効率」という言い方もよく使われる。ただし，一定時間内にできる仕事の率については，このほかに別のタームを使うこともある。個人の仕事についても使うのだが，何というタームだろうか。

解答は172ページ

費用便益分析

費用と便益を金銭に換算し事業の妥当性を判断する手法

▶▶ 効率的な公共事業を選ぶ！

公共事業には多額の費用がかかる。「無駄な公共事業」と批判されることもある。だから，政策評価においては，公共事業の投資効率をちゃんと考えなければならない。

その際，**公共事業などの効率性を判断する手法が「費用便益分析」**だ。「便益」とは，事業の実施により人々がどれだけ多くの効用（満足度）を得られるようになるのか，ということを表すタームである。それを社会全体についてまとめたものを「社会的便益」という。費用便益分析では，便益を市場で取引されると仮定したときに人々が支払おうとする金銭に換算する。これを事業にかかる費用と比較して効率性を見極めようというのだ。

たとえば一般道路を整備する場合を考えよう。国土交通省の標準的な手法では，道路整備による便益として①走行時間の短縮，②ガソリン費等の走行経費の減少，③交通事故の減少の3つを考える。これら3つの便益を金銭換算したうえで合計し，その道路の総便益を出す。

費用のほうには，道路の工事費や用地費といった事業費がある。これに道路の点検・補修といった維持管理費用を加える。

ただし，道路からの便益は長期的に得られるし，費用のほうも長期に及ぶ。そのため，将来にわたる便益と費用のそれぞれを現在の価値に換算して（＝割引現在価値で）算出する必要がある（このとき用いる割引率を「社会的割引率」という。政府は国債の実質利回りなどを参考に数値を決めている）。

「費用便益分析」では，こうして推計された社会的便益の現在価値（B：Benefit）が費用の現在価値（C：Cost）を上回っている（ま

費用便益比（B/C）

費用便益分析における評価指標には，「純現在価値（B－C）」や「費用便益比（B/C）」などがある。日本で一般的に使われている評価指標は「B/C」のほうだ。これによると「B/Cが1以上であれば，その公共事業は妥当である」と判断されることになる。「B/C」を使えば，たんに便益が費用を上回るだけでなく，「B/Cが1.5以上」などといった条件をつけることも可能になる。複数の事業についてB/Cの大きさを比べて優先順位をつけることもできる。

たは等しい）のなら，一般的に事業の実施は正当化される。つまり，「この道路はつくってもかまわない」ということになる。

▶ いろいろな方法で便益を算定する！

公共事業が提供する財やサービスについては，市場での販売ができなかったり，市場を経由しない外部性があったりする。このため市場での価格がすぐにはわからない。そこで，**こうした非市場財についても価格をつけて，便益を推計する方法がいろいろと開発されている**。たとえば次のようなものだ。

規制影響分析

「規制影響分析」（RIA，規制インパクト分析）とは，規制の導入や修正によるコストと便益を客観的に分析・公表することで，規制制定過程での客観性と透明性の向上を目指す手法。政府は，2007年以降，こうしたRIAの手法等による規制の事前評価を義務づけている。

なお，規制の費用には，規制する側の「行政費用」，申請書類の作成費用など規制を受ける国民や事業者が負担する「遵守費用」，広く社会経済や環境等に対する負の影響である「社会的費用」がある。

道路のように利用者の費用（走行時間やガソリン費等）が算出できる場合はそれを価格とみなして，交通量の増減との関係を需要曲線として表し，消費者余剰の考え方を用いて便益を割り出す（**消費者余剰推定法**）。公園のようなレクリエーション施設については，そこに来るまでの旅行費用（電車賃等）と訪問回数から需要曲線を推定する（**トラベルコスト法**）。

似たような財が市場で取引されている場合は，その市場価格で置き換えて便益を推計する（**代替法**）。また，公共施設ができるとその地域の地価が変動するので，地価の上昇分から便益を推計する方法もある（**ヘドニック法**）。

まったく現実のデータが使えない場合には，アンケートで支払意思額を答えてもらう方法も使われている。得られるサービスを示して，いくらまでなら支払ってもよいかを尋ね，その合計を便益とする（**仮想市場評価法**）。

政策についての論述や討論で，費用便益分析の具体的手法にまで踏み込んで議論を展開することは少ないだろう。だが，どういうデータを手がかりに実際の政策評価が行われているかは，きっと参考になるはずだ。

✎ 問題演習

一般道路の整備の場合，上記の3つ以外にも便益が生じると考えられる。ただし，これらは，金銭換算が難しいため，標準的な手法で便益を推計するときには考慮されていない。たとえば，どのようなものがあるだろうか。

解答は172ページ ➡

第9章　政策の評価

説明責任

行動の合理的論拠を示すという職務上の任務

▶ 説明責任を果たす！

政策の評価では，「どうしてそういうことをしたのか」が問われることがある。担当者は一生懸命説明しなければならなくなる。

問われているのは「説明責任」である。自分がいかに適切に事務を処理したかについて，証拠を示し合理的論拠を持って説明する責任だ。

説明責任（accountability）は応答責任（responsibility）とは違う。英語を見ればわかることだが，説明責任は会計に由来する考え方で，合理的か，合法的か，といった観点が重視される。これに対して，応答責任はちゃんとレスポンスしているのかを基準に据える。有権者の期待に応えない政治家は応答責任を果たしていない，といえる。

行政の事業管理について問われるのは，何よりもまず説明責任である。行政官としては，裏づけとなるデータや証拠書類を示して，行為が適切であったことを合理的に説明できればよいのである。

政策論では，評価や点検の話になったときに，「説明責任を果たすためにも，きちんとデータを取って〜」などと，説明責任を意識した言い方をするとよいだろう。討論で，もし場当たり的に補助金を配るような話をする人がいたら，「それでは説明責任が果たせないでしょう」と指摘したらよい。

▶ 情報公開は不可欠！

責任ある行政には，施策に関する情報公開が不可欠である。適切な情報があれば，国民・住民は自ら政策のよしあしを判断できる。行政にとっては，説明責任を果たす重要な手段だ。

国の行政機関の情報公開は「情報

第三者機関

「第三者」とは「当事者以外」という意味である。通常は，中立的な立場から行政のチェックに関与する機関を「第三者機関」と呼ぶ。たとえば，国には消費者行政を監視する消費者委員会などが，自治体には労使紛争を調停する労働委員会などが置かれている。

そのほか，問題解決に中立性が必要になる場合などには，行政機関が内部組織として一時的に「第三者機関」を設置することもある。年金記録問題が発覚した後，2007年に設置された「年金記録確認第三者委員会」もその1つだ。

公開法」に基づいて実施される。自治体の情報公開は，都道府県・市町村が定めた「**情報公開条例**」に則して実施されている。ともに，開示請求への対応などが盛り込まれている。

本来，情報公開は，公開請求への対応とは別に，自ら積極的になされるべきものである。 ネット時代なのだから，いつでもどこからでも必要な行政情報が入手できるのは，当然のことと考えるべきだ。

 見える化

行政の「見える化」，あるいは「可視化」とは，課題を含め，行政の現状を国民・住民からよく見えるようにしておくことである。民間企業で使われていたタームだが，最近では国でも自治体でもよく使うようになった。

行政については，政治家などの圧力で「ゆがみ」が起きていると思っている人もいる。「見える化」は，見せたくないものも積極的に見せるようにしているとの姿勢の表明でもあり，行政にまつわる悪いイメージの払拭にも役立っている。

併せて，政策過程では，マスコミ対応にも万全を期したい。マスコミを通じた情報提供は，トラブルが発生したときはもちろん，そうでなくても，立案から評価までの政策過程全体を通じて積極的になされるべきだ。

マスコミ対応は，記者会見や報道発表といったフォーマルな広報によるものだけでは十分とはいえない。そのため，担当者が記者にインフォーマルに細部の説明を行うこともある。これは「**背景説明**」または「**ブリーフィング**」と呼ばれている。行政が説明責任を果たすには，こうしたきめの細かいマスコミ対応も必要になる。

▶▶ 責任ある行政を！

公務員には，行政の担い手，あるいは政策のプロフェッショナルとしての自覚が問われる。これは行政事業にかかわる説明責任とは違う。倫理的な意味での責任感の問題である。

政策討論では自己規律の高さをアピールしたい。 盛り上げ役は不要だ。政策のプロとして冷静に語るべきことを語り，公的責任の重みに耐えられる人材であることをぜひ示してほしい。

✏ 問題演習

情報公開法は，国の行政文書について「原則公開」するとしている。ただし，この情報開示義務には例外がある。どのような情報が「不開示」とされているのだろうか。いくつか挙げてみよう。

解答は172ページ ➡

PART Ⅳ 第9章　問題演習の解答

- **ターム46「PDCAサイクル」** ··p.163
  全国学力テスト（正式名称は「全国学力・学習状況調査」）
  PDCAサイクルを念頭に，調査目的の１つに「教育に関する継続的な検証改善サイクルを確立する」ことを掲げている。

- **ターム47「アセスメント」** ··p.165
  ○○○には「リスク」が入る（リスク・アセスメント，リスク評価）
  この手続きでは，事業場にある危険性や有害性を特定し，その大きさを評価したうえで，リスクが許容範囲内かどうか，リスク低減措置はどうすべきか，などが検討される。

- **ターム48「効率」** ··p.167
  能率
  行政学では「能率観」の学説史的変化を学ぶが，各論者の主張にはここでいう効率性や有効性などがごっちゃになっている。政策論では「能率」をあえて使わなくてもよい。

- **ターム49「費用便益分析」** ··p.169
  走行快適性の向上や沿道環境の改善など。
  費用便益分析では，分析に反映しにくい便益がありうることにも注意しよう。

- **ターム50「説明責任」** ··p.171
  「情報公開法」は以下の６つを定める。①個人情報，②法人情報のうち正当な利益を害するおそれのあるもの，③国の安全等に関する情報，④公共の安全等に関する情報，⑤審議・検討・協議に関する情報（公にすることにより率直な意見交換などが損なわれるおそれがあるため），⑥事務・事業に関する情報のうち，公にすることにより適正な遂行に支障が出るおそれがあるもの。

重要用語一覧

【あ】

RIA ……169
アウトカム ……166
アウトソーシング ……154
アカウンタビリティ ……170
アクション・プラン ……121
アジェンダ ……86
アセスメント ……164
新しい公共 ……156
アファーマティブ・アクション ……130
安全・安心 ……110

【い】

EBPM ……162
意見調整 ……65
意向 ……64
意識 ……65
逸脱者 ……43
インクリメンタリズム ……148
インシデント ……112
インセンティブ ……119

【え】

エージェンシー ……155
X非効率 ……149
NPM ……152
NPO ……156

【お】

大きな政府 ……104

【か】

外部委託 ……154
外部経済 ……138
外部性 ……138
外部不経済 ……138
格差是正 ……144
仮想市場評価法 ……169
価値財 ……137
ガバナンス ……159
官民競争入札 ……154
官民協働 ……159
官僚 ……66

【き】

基金 ……127
基準 ……117
規制 ……114

規制インパクト分析 ……169
規制影響分析 ……169
規制改革 ……150
規制政策 ……87
規模の経済 ……135
基本方針 ……117
逆選択 ……140
給付 ……118
行政改革 ……105
行政サービス ……66
行政事業レビュー ……165
行政指導 ……116
行政処分 ……114
競争入札 ……154
局面 ……81
許認可 ……115

【く】

クオータ制 ……131
具体 ……62

【け】

計画 ……120
傾向 ……75
経済波及効果 ……167
ケース ……63
権限 ……124
現実 ……60
現状 ……61
権利擁護 ……108

【こ】

公益事業 ……134
公益性 ……100
公共サービス改革 ……154
公共財 ……136
公共事業 ……152
公共施設等運営権 ……153
公共性 ……100
公共政策 ……86
公正 ……102
構成的政策 ……87
公聴 ……158
広聴 ……158
交付金 ……118
公平 ……102
公平性 ……166
広報 ……128

広報紙 ……129
効率 ……166
効率性 ……166
コスト ……76
コストパフォーマンス ……166
国家戦略特区 ……151
コミット ……121
コラボ ……83
コンセッション方式 ……153

【さ】

財源 ……126
財政出動 ……126
再分配政策 ……87, 144
裁量 ……124

【し】

時間軸 ……80
事業評価 ……164
施策 ……58
市場化テスト ……154
市場の失敗 ……134
自然独占 ……135
次善の策 ……95
事前評価 ……165
実施体制 ……122
実績評価 ……164
実態 ……92
指定管理者制度 ……155
シビル・ミニマム ……142
社会正義 ……108
集積 ……138
住民参画 ……158
需要予測 ……90
準公共財 ……136
純粋公共財 ……136
情勢 ……34
消費者余剰推定法 ……169
情報公開 ……170
情報の非対称性 ……140
助成金 ……118
事例 ……62
新公共経営 ……152

【す】

推進会議 ……123
ステークホルダー ……94
ステップ ……81

173

【せ】
政策経費 ················· 126
政府の失敗 ·············· 148
セーフティネット ········· 142
世代間格差 ·············· 144
積極的改善措置 ··········· 130
説明責任 ················· 170
世論 ····················· 106

【そ】
総合評価 ················· 164
ソーシャル・キャピタル ··· 156

【た】
代案 ······················ 78
大義 ······················ 90
大国 ····················· 120
対策 ······················ 58
第三者機関 ·············· 170
第三セクター ············· 154
第三の道 ················· 104
対象 ······················ 88
対症療法 ·················· 80
代替法 ··················· 169
タイムスパン ·············· 81
段階 ······················ 80

【ち】
小さな政府 ·············· 104
調査 ······················ 92

【て】
点 ······················· 163
点検 ····················· 163

【と】
等 ························· 74
動向 ······················ 92
トクホ ··················· 140
独立行政法人 ············· 155
特区 ····················· 151
トラベルコスト法 ········· 169
努力義務 ················· 116
トレードオフ ·············· 96

【な】
ナショナル・ミニマム ····· 142
など ······················ 75

【に】
ニーズ ···················· 90
人間の安全保障 ·········· 111

認定NPO法人 ············· 157
認定特定非営利法人 ······· 157

【は】
パーセプション・ギャップ ··72
背景 ······················ 71
背景説明 ················· 171
パターナリズム ··········· 110
パブコメ(パブリック・コメント)··159
パブリック・インボルブメント ··159
パレート改善 ············· 167
パレート効率性 ··········· 167

【ひ】
PI ······················· 159
PFI ······················ 152
PDCAサイクル ············ 162
B/C ······················ 168
PPP ······················ 152
非営利団体 ·············· 156
ビジョン ··················· 87
必要性 ··················· 166
ひも付き補助金 ··········· 118
ヒヤリ・ハット ············ 112
費用対効果 ·············· 166
平等 ····················· 102
費用便益比 ·············· 168
費用便益分析 ············· 168

【ふ】
ファクター ················· 70
負担 ····················· 126
負担金 ··················· 118
復興特区 ················· 150
プライオリティ ············· 91
プラス・ファクター方式 ··· 131
プラン ··················· 121
ブリーフィング ············ 171
フリーライダー ············ 136
ふるさと納税 ············· 127
分配政策 ··················· 87

【へ】
ヘドニック法 ············· 169

【ほ】
補完性 ··················· 125
ポジティブ・アクション ··· 130
補助金 ··················· 118

【ま】
マネジメントサイクル ····· 162

【み】
見える化 ················· 171
民営化 ··················· 154
民主 ····················· 106

【む】
無駄 ······················ 78

【め】
迷惑施設 ················· 107
面 ························· 72

【も】
モニタリング調査 ·········· 92
モラルハザード ··········· 140

【ゆ】
誘因 ····················· 119
有効性 ··················· 166
優先順位 ·················· 91
優先性 ··················· 166
ゆるキャラ ················ 128

【よ】
要因 ······················ 70
要件 ······················ 88
余力 ····················· 144
世論 ····················· 106

【ら】
ランニング・コスト ········· 76

【り】
利害 ······················ 94
利害関係者 ··············· 94
リスク ··················· 172
立国 ····················· 120

【れ】
連携 ······················ 82
連帯 ······················ 82
レント・シーキング ········ 149

【ろ】
ロードマップ ············· 120

【わ】
ワンストップサービス ····· 122

執筆責任者

高瀬淳一

名古屋外国語大学世界共生学部・同大学院教授，グローバル共生社会研究所所長。
主著：『サミットがわかれば世界が読める』（名古屋外国語大学出版会），『政治家を疑え』
（講談社），『できる大人はこう考える』（ちくま新書），『「不利益分配」社会－個人と政治
の新しい関係』（ちくま新書），『武器としての〈言葉政治〉－不利益分配時代の政治手法』
（講談社選書メチエ），『情報政治学講義』（新評論），『情報と政治』（新評論），『サミット』
（芦書房），『行政5科目まるごとパスワードneo2』，『行政5科目まるごとインストール
neo2』，『集中講義！国際関係の過去問』，『20日間で学ぶ国際関係の基礎』，『はじめて学
ぶ国際関係』（以上，実務教育出版）

本文組版：㈱森の印刷屋　　カバーデザイン：中濱健治

●**本書の内容に関するお問合せについて**

　本書の内容に誤りと思われるところがありましたら，お手数ですがまずは小社のブックスサイ
ト（books.jitsumu.co.jp）中の本書ページ内にある正誤表・訂正表をご確認ください。正誤表・
訂正表がない場合や，正誤表・訂正表に該当箇所が掲載されていない場合は，書名，発行年月日，
お客様のお名前・連絡先，該当箇所のページ番号と具体的な誤りの内容・理由等をご記入のうえ，
郵便，FAX，メールにてお問合せください。

　〒163-8671　東京都新宿区新宿1-1-12　実務教育出版　第二編集部問合せ窓口
　FAX：03-5369-2237　　E-mail：jitsumu_2hen@jitsumu.co.jp

【ご注意】※電話でのお問合せは，一切受け付けておりません。
　　　　　※内容の正誤以外のお問合せ（詳しい解説・受験指導のご要望等）には対応できません。

2025年度版　公務員試験
論文・面接で問われる行政課題・政策論のポイント

2024年3月25日　　初版第1刷発行　　　　　　　　　　　　　　　　　〈検印省略〉

編著者──高瀬淳一
発行者──淺井　亨
発行所──株式会社実務教育出版
　　　　　〒163-8671　東京都新宿区新宿1-1-12
　　　　　☎編集03-3355-1812　販売03-3355-1951
　　　　　振替　00160-0-78270
印　刷──シナノ印刷
製　本──東京美術紙工